IVANO CONCAS

L'ABC DELLA VENDITA

Dalla A alla Z i 26 Fondamenti

per Raggiungere

il Successo nella Vendita

Titolo

"L'ABC DELLA VENDITA"

Autore

Ivano Concas

Editore

Bruno Editore

Sito internet

http://www.brunoeditore.it

Sommario

Introduzione

Sono passati quasi vent'anni dal mio primo corso di vendita. Eppure ricordo ancora oggi la sintesi del metodo che insegnava, contraddistinta dall'acronimo ISC: Indagare, Sostenere, Concludere. Ero giovane, e benché fossi stato appena catapultato nel mondo della vendita, provenivo da una formazione tecnico-scientifica e dieci anni di lavoro come progettista nel settore ricerca e sviluppo di dispositivi elettronici.

Sono retaggi che fanno apprezzare le classificazioni, magari inquadrano all'interno di schemi rigidi, ma gli elenchi, le categorie e le sigle rassicurano perché con la loro successione sembrano indicare una via, un percorso sicuro. Ho dovuto studiare parecchio per uscire da quei canoni di ragionamento, e oggi guardo con sospetto tutte le semplificazioni lineari, quelle che trasformano anche i sistemi più complessi in una serie di passi. E la vendita è uno dei sistemi più complessi che conosca: richiede basi di psicologia, marketing, comunicazione, sociologia, economia, tecnologia e tante altre competenze minori ma essenziali al raggiungimento del successo. Un complesso mix di conoscenze così come una complessa ramificazione degli attori coinvolti: dal lato vendita (colleghi, casa madre, competitors) al lato clienti (il *decision maker*, i suoi collaboratori e tutti coloro in grado di influenzarne le decisioni: testimonial e clienti finali). Difficile, dunque, dare un percorso lineare in grado di semplificare in una successione di fasi l'attività di vendita.

Lo scopo di questo corso è dunque fornire una visione globale della vendita, dall'attività giornaliera del venditore sino all'organizzazione generale delle imprese commerciali, attraverso le ventisei aree fondamentali di intervento che ho raccolto in diciotto anni di carriera: esperienza sul campo, studio e scambio di idee con i migliori colleghi, formatori e autori che ho avuto la fortuna di incontrare. Sei pronto a conoscere i ventisei segreti della vendita efficace? Sono in ordine alfabetico: non puoi perderti!

CAPITOLO 1:
A come Alignment (allineamento)

In cima non solo perché la A è la prima lettera dell'alfabeto, ma perché è in assoluto il fondamento su cui si basano tutte le organizzazioni di vendita di successo: la condivisione a tutti i livelli della missione aziendale. Tutti devono lavorare al medesimo scopo.

SEGRETO n. 1: l'allineamento è la base del gioco di squadra: condivisione degli obiettivi, trasversalità dei ruoli e senso di appartenenza.

Dai venditori al supporto alla logistica a, ovviamente, il management, che orchestra e stimola la diffusione dell'importanza della condivisione degli obiettivi. "A" anche come Appartenenza, il principale sentimento dell'allineamento. La convinzione del venditore nella straordinarietà del suo prodotto, della professionalità dei suoi colleghi e della sua azienda intesa come squadra, lo trasformano in un vero e proprio rappresentante. Il venditore (ma in realtà ogni collaboratore dell'azienda) non è solo assunto: è *engaged*, cioè coinvolto, e quindi parte di un progetto. In questo modo riesce ad avere una naturale credibilità verso il cliente. E aumenta nel cliente la fiducia che ogni impegno preso dal venditore è in realtà un impegno preso dall'intera azienda che il venditore rappresenta. Tutti i compartimenti aziendali, mossi da una visione manageriale olistica, non saranno mai in conflitto, ma lavoreranno in sinergia moltiplicando efficacia e valore di ogni azione.

SEGRETO n. 2: il venditore cosciente della forza del suo prodotto e della sua azienda riesce a trasferire il valore della sua proposta con estrema naturalezza: un "rappresentante" nel senso letterale della parola.

L'allineamento può sembrare un'utopia per la visione di perfezione aziendale che dipinge. E in effetti è così difficile da raggiungere, che uno dei più importanti consigli ai venditori è di scegliersi mandanti credibili con prodotti dal valore condiviso. Perché se il primo a essere scettico sul prodotto è proprio il venditore, è impossibile pensare al successo di vendita. Tra gli strumenti del management c'è l'internal marketing: vendilo prima di tutto allo staff e lo staff lo venderà al cliente. La fiducia viene dall'alto.

SEGRETO n. 3: il risultato di un'azienda con tutti i comparti e i singoli allineati in uno scopo comune provoca il più magico degli allineamenti: quello con il cliente.

Uno dei più importanti significati dell'allineamento è il *tuning*: sintonia di linguaggio (comprensione), sintonia nelle emozioni (empatia) e sintonia negli obiettivi (accordo).

RIEPILOGO DEL CAPITOLO 1:

- SEGRETO n. 1: L'allineamento è la base del gioco di squadra: condivisione degli obiettivi, trasversalità dei ruoli e senso di appartenenza.
- SEGRETO n. 2: Il venditore cosciente della forza del suo prodotto e della sua azienda riesce a trasferire il valore della sua proposta con estrema naturalezza: un "rappresentante" nel senso letterale della parola.
- SEGRETO n. 3: Il risultato di un'azienda con tutti i comparti e i singoli allineati in uno scopo comune provoca il più magico degli allineamenti: quello con il cliente.

CAPITOLO 2:

B come Benefits (benefici)

Perché soffermarsi sulle caratteristiche? I dati piacciono ai computer. Le persone, invece, recepiscono meglio l'effetto pratico, cioè le conseguenze, le caratteristiche: i benefici. Venderesti un optional come l'ABS spiegandone la tecnologia e il funzionamento? Oppure lo venderesti dicendo semplicemente che "può salvare la vita"?

SEGRETO n. 4: le caratteristiche e i dati tecnici non sono di immediata comprensione: concentrati su come sono in grado di modificare il contesto in cui saranno sfruttati.

Studia con cura la definizione del beneficio che trasferirai al cliente. Dimentica le caratteristiche tecniche del prodotto e concentrati su come queste sono in grado di modificare il sistema con cui interagiscono:

- il beneficio è lo scopo del prodotto o servizio venduto;
- il beneficio è il valore aggiunto del prodotto o servizio venduto;
- il beneficio è la soluzione del problema del cliente;
- il beneficio è il miglioramento dell'organizzazione del cliente.

Per non correre il rischio di essere più criptico di chi parla di dati tecnici, illustra il beneficio in modo chiaro, senza l'uso di parole e concetti complicati.

SEGRETO n. 5: sfrutta le metafore e le storie di successo per far comprendere al tuo cliente come la tua soluzione migliora la sua attività.

Quando contatti un prospect devi condividere con lui la perplessità di fondo che potrebbe avere: la sua azienda procede benissimo anche senza sapere dell'esistenza della tua azienda e della tua soluzione. Concentrandoti sui benefici sarai sintonizzato sull'interesse primario del cliente: il miglioramento del suo sistema.

SEGRETO n. 6: il successo della vendita dipende spesso dalla verifica e approvazione di diversi decisori: i benefici, a differenza delle caratteristiche tecniche del prodotto, rappresentano il linguaggio comune che ti consente di essere compreso da tutti i livelli e reparti dell'azienda cliente.

RIEPILOGO DEL CAPITOLO 2:

- SEGRETO n. 4: Le caratteristiche e i dati tecnici non sono di immediata comprensione: concentrati su come sono in grado di modificare il contesto in cui saranno sfruttati.
- SEGRETO n. 5: Sfrutta le metafore e le storie di successo per far comprendere al tuo cliente come la tua soluzione migliora la sua attività.
- SEGRETO n. 6: Il successo della vendita dipende spesso dalla verifica e approvazione di diversi decisori: i benefici, a differenza delle caratteristiche tecniche del prodotto, rappresentano il linguaggio comune che ti consente di essere compreso da tutti i livelli e reparti dell'azienda cliente.

CAPITOLO 3:
C come Competence (competenza)

La competenza è fondamentale. È la preparazione attraverso studio, esperienza, aggiornamento sia tecnico (sulle caratteristiche del prodotto) che sui benefici appena visti. Ma anche analisi continua, elaborazione di successi e insuccessi non solo personali ma anche di colleghi e competitors. Si impara da tutto e da tutti. Non aspettare che sia la tua azienda a pensare alla tua formazione: è una tua responsabilità. E non fermarti a questi argomenti: le tecniche di comunicazione e vendita sono altrettanto importanti.

SEGRETO n. 7: elevare il livello di competenza ti consente di raggiungere la professionalità necessaria a essere riconosciuto dai clienti come esperto.

Se i corsi, i meeting e il personal coaching possono sembrarti troppo impegnativi e costosi, considera il fatto che oggi hai accesso a serbatoi di immediata fruibilità e spesso a basso costo, se non persino gratuiti: i forum e i social network, le decine di blog nazionali e internazionali, gli articoli sulle riviste online, libri, magazine e corsi come quello che stai leggendo. Partecipa agli incontri e alle cene delle associazioni di categoria e delle libere associazioni del tuo mercato. Informati sulla presenza nella tua città di un gruppo Toastmasters e studia le tecniche di presentazione e public speaking. Non trascurare l'importanza delle lingue, l'inglese prima di tutte: gran parte della produzione di idee, purtroppo, non è tradotta in italiano.

SEGRETO n. 8: non concentrarti sulla competenza relativa al tuo prodotto, ma più in generale sulle sue applicazioni, sul suo mercato e sulle soluzioni proposte dalla tua concorrenza.

Non limitarti a leggere e osservare, ma impegnati sempre a confrontare tutto ciò che apprendi con le situazioni che hai vissuto in passato e fai l'esercizio mentale di come sarebbero andate diversamente le cose se avessi avuto quella competenza in più: ti renderai conto dell'importanza dell'apprendimento continuo e sarai stimolato a proseguire nell'impegno di studio. Ma competenza non è solo imparare: è anche disimparare! Verifica continuamente i tuoi schemi e rompi quelli che sono in contrasto con le nuove esperienze, con le modifiche degli scenari che vivi e con le rielaborazioni che sarai in grado di fare.

SEGRETO n. 9: non confondere la competenza con lo studio: non sono le teorie, ma i risultati dell'applicazione sul campo che rappresentano la tua preparazione.

RIEPILOGO DEL CAPITOLO 3:

- SEGRETO n. 7: Elevare il livello di competenza ti consente di raggiungere la professionalità necessaria a essere riconosciuto dai clienti come esperto.
- SEGRETO n. 8: Non concentrarti sulla competenza relativa al tuo prodotto, ma più in generale sulle sue applicazioni, sul suo mercato e sulle soluzioni proposte dalla tua concorrenza.
- SEGRETO n. 9: Non confondere la competenza con lo studio: non sono le teorie, ma i risultati dell'applicazione sul campo che rappresentano la tua preparazione.

CAPITOLO 4:
D come Details (dettagli)

Ci interroghiamo spesso sul valore del nostro prodotto e soprattutto se, quando riusciamo a venderlo, ne vendiamo la sostanza e il relativo prezzo, oppure quel particolare dettaglio che ha fatto la differenza. Dando poco spazio ai dettagli riduciamo il valore del prodotto a una commodity: uguale a tanti altri. Ma oggi la parola d'ordine è differenziare e dobbiamo anzitutto lavorare sui dettagli che ci differenziano dalla concorrenza.

SEGRETO n. 10: un singolo dettaglio è sufficiente a caratterizzare la differenziazione strategica della tua proposta commerciale.

Spesso su un solo dettaglio si costruiscono gli slogan e si definiscono le strategie di marketing e vendita. E i nostri colleghi del marketing inventano ogni giorno dettagli e formule di fornitura originali. In un certo senso anche questa è innovazione, ma spesso si riduce allo sparare nel mucchio. È immaginare che si possano conquistare macro-gruppi di clienti con esigenze simili attraverso proposte generiche che dovrebbero accontentare la maggioranza: in netto contrasto con le leggi della personalizzazione e con l'attività del venditore (one-by-one) che deve essere originale con ognuno dei suoi singoli clienti e per ognuna delle loro singole necessità e applicazioni.

SEGRETO n. 11: i dettagli che differenziano la tua proposta non sono mai gli stessi per tutti i clienti: impara a riconoscere ed enunciare quelli utili al tuo cliente in considerazione della sua organizzazione e dei suoi obiettivi.

La forza del dettaglio

Il dettaglio fa la differenza. Il dettaglio distoglie dal prezzo. Il dettaglio risolve un problema. Il dettaglio è la risposta.

Quali sono i dettagli

I dettagli sono per definizione quelle minime parti che compongono l'insieme. Possono essere caratteristiche fisiche o funzionali del prodotto (funzioni, materiali, tecnologia, consumo, ecc.), ma anche del servizio di fornitura (personalizzazioni di resa, garanzia, pagamento, servizi di pre e post-vendita). Non ultime, rientrano tra i dettagli anche quelle caratteristiche eteree come brand (retaggio), provenienza, referenze e certificazioni. Ovviamente anche il prezzo è un dettaglio ed è come tale che deve essere trattato.

Come trovare i dettagli

Il marketing è la prima fonte d'informazione sulle peculiarità del prodotto, ma quelle percepite dal cliente come realmente efficaci sono quelle che vengono dalla nostra esperienza diretta e dall'esperienza dei nostri colleghi venditori. Tutte le volte che vengo a conoscenza di un buon colpo preso da un collega gli faccio i miei complimenti e subito dopo gli chiedo: «Come hai fatto?» E spesso emerge il fatto che una caratteristica, un particolare, un dettaglio avevano fatto la differenza. Ogni business vinto e ogni business perso devono essere analizzati perché sono fonti d'informazione sulle ragioni che hanno decretato il successo o l'insuccesso.

Non esistono fallimenti o vittorie: esistono solo risultati. Dobbiamo sempre fare mente locale e trasformare questi risultati in insegnamento, leve e scorciatoie per la sfida successiva: il venditore deve essere sempre il primo ad avere il polso sui punti di forza e debolezza del prodotto.

Come trasferire i dettagli al cliente

Ho assistito a innumerevoli presentazioni in Power Point su aziende, prodotti e servizi e ho notato quanto sia facile perdere l'attenzione del cliente che si annoia di fronte a diagrammi, tabelle e slide. Non possiamo permetterci un'ora di presentazione e magari un'altra ora a capire quanto è stato recepito e quanto di questo è stato inteso come valore dal cliente. Ed è altrettanto importante considerare che elencare i dettagli prima di averne verificato il valore per il cliente può essere controproducente: crea nella mente del cliente il pericoloso dubbio: «Devo pagare per una serie di caratteristiche che non mi servono?»

Una delle vie migliori resta la tecnica di vendita induttiva: porre le giuste domande per fare in modo che emergano nel cliente una serie di costi nascosti dovuti alla mancanza di quel particolare dettaglio nelle loro forniture. Starà poi al venditore enunciare il dettaglio-soluzione contenuto nel suo prodotto.

Il rispecchiamento

Si dice "entrare nel dettaglio" intendendo quell'analisi di scorporo delle caratteristiche di un prodotto. Prendendo in prestito dalla PNL la gerarchia che struttura la personalità, dobbiamo personificare il bisogno del cliente, che diventerà il Sig. Prodotto Ideale. Gli daremo un'identità (ad esempio la sua classificazione merceologica) e i suoi valori (le principali caratteristiche). Dovremo poi procedere scavando sulle credenze e criteri di questo prodotto ideale:

- aspettative del cliente (esigenze);
- conseguenze della presenza di capacità o assenza di debolezze (benefici);
- mezzi attraverso i quali è usufruibile un certo valore (vantaggi dati dal prodotto nel contesto della sua applicazione finale).

Il rispecchiamento sarà il processo di presentazione del prodotto che ricalcherà tutte le definizioni sopra, dimostrando la corrispondenza del nostro prodotto con il Prodotto Ideale.

Potenziamento della differenziazione: il confronto

Come detto, il venditore deve essere cosciente per primo dei benefici del suo prodotto, per poterli trasferire con la giusta enfasi al cliente, nel momento giusto. Altrettanto importante è la preparazione sui dettagli del prodotto della concorrenza o comunque della soluzione utilizzata dal cliente. Dobbiamo sempre ricordare che mentalmente è più facile paragonare due caratteristiche e decidere quale sia la più importante piuttosto che dare un valore assoluto a ognuna delle due.

SEGRETO n. 12: l'interesse e l'utilità dei dettagli della tua proposta non possono essere dati dalla tua presentazione, ma sono un'elaborazione del tuo cliente: prima di enunciare una caratteristica chiave, trova la porta da aprire.

RIEPILOGO DEL CAPITOLO 4:

- SEGRETO n. 10: Un singolo dettaglio è sufficiente a caratterizzare la differenziazione strategica della tua proposta commerciale.
- SEGRETO n. 11: I dettagli che differenziano la tua proposta non sono mai gli stessi per tutti i clienti: impara a riconoscere ed enunciare quelli utili al tuo cliente in considerazione della sua organizzazione e dei suoi obiettivi.
- SEGRETO n. 12: L'interesse e l'utilità dei dettagli della tua proposta non possono essere dati dalla tua presentazione, ma sono un'elaborazione del tuo cliente: prima di enunciare una caratteristica chiave, trova la porta da aprire.

CAPITOLO 5:

E come Effetti collaterali (side effects)

A volte basta cambiare nome a una cosa per spalancare un'infinità di nuovi concetti. L'analisi SWOT parla di minacce e punti deboli. La vendita consulenziale va a caccia dei problemi per poter poi proporre la sua soluzione. Ma in quest'ottica non è facile la caccia né del problema, né del punto debole del cliente.

SEGRETO n. 13: più è alto il livello di responsabilità del tuo interlocutore e più è elevata la sua sensibilità al fattore rischio.

È sempre meglio tradurre il lato negativo di ogni scelta del cliente come svantaggio o meglio come effetto collaterale: ne emerge da parte nostra il rispetto per le scelte in essere del cliente e la comune consapevolezza di difetti, sprechi e implicazioni da eliminare. I problemi, infatti, non sono altro che effetti collaterali delle scelte. Le soluzioni non esistono: ogni scelta porta benefici ed effetti collaterali. È importante l'analisi degli effetti collaterali perché da sola può determinare la più importante scelta del cliente: il cambiamento.

SEGRETO n. 14: gli effetti collaterali sono l'alter ego dei benefici: così come ti sei preparato a evidenziare i vantaggi, devi essere altrettanto preparato a gestire i rischi.

Nella filiera decisionale c'è sempre la valutazione dei rischi di ogni scelta, il cliente ne è consapevole. Compito del venditore è dimensionare gli effetti collaterali delle scelte in essere del cliente e dei rischi, per consentire in totale trasparenza la valutazione del rapporto benefici/rischi di ogni proposta alternativa.

SEGRETO n. 15: concentrandoti con il cliente sulla eliminazione degli effetti collaterali delle sue scelte, sposti lo scopo della tua attività verso il miglioramento di una condizione/situazione, e non verso la mera sostituzione di un prodotto con un altro.

RIEPILOGO DEL CAPITOLO 5:

- SEGRETO n. 13: Più è alto il livello di responsabilità del tuo interlocutore e più è elevata la sua sensibilità al fattore rischio.
- SEGRETO n. 14: Gli effetti collaterali sono l'alter ego dei benefici: così come ti sei preparato a evidenziare i vantaggi, devi essere altrettanto preparato a gestire i rischi.
- SEGRETO n. 15: Concentrandoti con il cliente sulla eliminazione degli effetti collaterali delle sue scelte, sposti lo scopo della tua attività verso il miglioramento di una condizione/situazione, e non verso la mera sostituzione di un prodotto con un altro.

CAPITOLO 6:
F come Facilitator (facilitatore)

Dimentica la storia del consulente: non sarai mai un consulente fino a che sarai di parte ed è innegabile il fatto che tifi per il tuo prodotto e la tua azienda.

SEGRETO n. 16: l'attività del facilitatore inizia con la consulenza di prevendita e prosegue con il servizio di post-vendita: la resistenza del cliente non è su *cosa* ma su *come* acquistare e usare il tuo prodotto.

Dimentica anche la pretesa di poter diventare un consigliere fidato (*trusted advisor*): non dipende da te ed è una fiducia che si ottiene solo dopo anni di dimostrata capacità su clienti già conquistati. Quello che invece puoi essere fin da subito è un facilitatore. Facilitatore del cambiamento. Vale a dire semplificatore e agevolatore del percorso che il cliente deve affrontare per inserire la tua soluzione nel suo contesto.

SEGRETO n. 17: sii sempre l'interfaccia diretta del tuo cliente: evita che debba confrontarsi per i diversi problemi con gli altrettanto diversi referenti della tua azienda.

Il timore del cambiamento (accennato al capitolo "E come Effetti collaterali") è quello che più frena il cliente a uscire dalle sue abitudini e certezze. Quando non è per il timore è comunque per la risorsa di tempo necessaria a capire e affrontare problemi sconosciuti.

SEGRETO n. 18: studia per primo le implicazioni della tua proposta: è la miglior consulenza che puoi fare.

RIEPILOGO DEL CAPITOLO 6:

- SEGRETO n. 16: L'attività del facilitatore inizia con la consulenza di prevendita e prosegue con il servizio di post-vendita: la resistenza del cliente non è su *cosa* ma su *come* acquistare e usare il tuo prodotto.
- SEGRETO n. 17: Sii sempre l'interfaccia diretta del tuo cliente: evita che debba confrontarsi per i diversi problemi con gli altrettanto diversi referenti della tua azienda.
- SEGRETO n. 18: Studia per primo le implicazioni della tua proposta: è la miglior consulenza che puoi fare.

CAPITOLO 7:
G come Generazione della domanda (demand generation)

Non mi è mai piaciuta l'espressione *lead generation*, generazione di contatti. I contatti non si generano, al massimo si attirano. E attirare contatti è una delle responsabilità del tuo marketing. Quando si parla di vendita e venditori preferisco usare l'espressione *demand generation*: generazione della domanda.

SEGRETO n. 19: il cliente non può desiderare ciò che non conosce: l'innovazione si crea attivamente, diffondendola.

Sarebbe bello, ma è impossibile riuscire a essere sempre l'uomo giusto al posto giusto nel momento giusto. Il cliente potrebbe avere appena investito in una soluzione della concorrenza: impossibile convincerlo a buttare via tutto. Capita spesso, poi, che un cliente sia ancora a uno stadio tecnologico o organizzativo che non gli consente neppure di prendere in analisi il tuo prodotto per il complesso adeguamento dei suoi processi interni che esso richiederebbe. È compito del venditore, in questi casi, così come su ogni prospect, occuparsi periodicamente della promozione e aggiornamento di questi clienti sui nuovi prodotti, materiali e tecnologie disponibili sul mercato. La promozione è vista spesso come ruolo del marketing, ma come sappiamo non è efficace.

SEGRETO n. 20: la demand generation non propone mai prodotti innovativi: propone modi di fare innovativi.

La promozione affidata alla vendita viene spesso chiamata *pre-sales* e purtroppo ha come attività principale quella di fare dimostrazioni di prodotto e definizioni tecnicamente dettagliate della proposta. Eppure nessuno meglio del venditore è in grado di comunicare con preparazione ed enfasi la promozione delle innovazioni di mercato. Sia per la sua conoscenza del prodotto, sia per la sua abilità comunicativa, sia per la sua conoscenza del mercato e territorio che diventa un target mirato. Provate a pensare a tutte le storie di successo dei clienti con i quali avete collaborato: una risorsa inestimabile.

SEGRETO n. 21: attraverso la condivisione delle storie di successo che hai vissuto con i tuoi clienti di settori analoghi, ispiri il cliente all'azione, stimolando il suo desiderio di cambiamento.

La generazione della domanda è un investimento a medio-lungo termine, ma resta una delle attività più proficue di ispirazione e informazione del mercato. E, non ultimo, pianificata a dovere ci consente di monitorare l'evoluzione del mercato e arrivare sempre primi.

La lead generation fatta dal tuo marketing è passiva: i contatti che arrivano da questa attività sono clienti magari pronti ad acquistare, ma a una fase di raccolta idee e soluzioni che ne riduce drasticamente la flessibilità di accettazione di una proposta personalizzata. Sono quelli che io chiamo "clienti fai da te": convinti di sapere cosa vogliono dopo aver partecipato a una fiera, fatto una riunione con i loro reparti interni e navigato qualche ora in Internet.

La generazione della domanda, invece, non è solo una fase attiva: è una fase proattiva. È dare al cliente nuove idee che gli consentono di migliorare la sua organizzazione prima ancora che arrivi il giorno in cui è costretto a farlo. Non trascurare, tra i canali della demand generation, i più efficaci di tutti: il blogging (o content marketing) e il social media marketing.

RIEPILOGO DEL CAPITOLO 7:

- SEGRETO n. 19: Il cliente non può desiderare ciò che non conosce: l'innovazione si crea attivamente, diffondendola.
- SEGRETO n. 20: La demand generation non propone mai prodotti innovativi: propone modi di fare innovativi.
- SEGRETO n. 21: Attraverso la condivisione delle storie di successo che hai vissuto con i tuoi clienti di settori analoghi, ispiri il cliente all'azione, stimolando il suo desiderio di cambiamento.

CAPITOLO 8:
H come Health (salute)

Vista la scarsità di parole italiane con la "H" iniziale, qui l'inglesismo è d'obbligo. Ma anche l'argomento è d'obbligo. «Mente sana in corpo sano» è una citazione che conosciamo bene, ed è ancora attuale. Lo stress è definito come la reazione di adattamento a una eccessiva richiesta di prestazioni psico-fisiche. Spesso gli impegni non ci consentono di ridurre quella eccessiva richiesta, che diventa intollerabile nei periodi particolarmente intensi. L'unica arma che abbiamo è diventare più forti, resistenti, in modo da poter sopportare maggiori carichi.

SEGRETO n. 22: l'attività di vendita è basata sull'interazione personale: per questa ragione lo stile di vita dell'uomo è strettamente connesso allo stile di vita del professionista.

Come una macchina abbiamo bisogno del giusto carburante e della perfetta manutenzione. Azzera il fumo. Limita, se proprio non puoi escludere, gli alimenti a base di zuccheri e farine raffinate. Limita il caffè e gli eccessi di qualunque altra sostanza nervina (il tè, il cacao, le bibite energetiche). Prediligi la frutta (anche quella secca) e la verdura (sia cruda che cotta), ma non trascurare le proteine animali (carne, pesce).

SEGRETO n. 23: cura in modo maniacale l'alimentazione: è la tua fonte di sopravvivenza così come la prima causa di inefficienza e malattia.

Limita in ogni caso il consumo della parte grassa delle carni rosse, e abolisci burro e panna: meglio l'olio d'oliva che tutto il mondo ci invidia. Anche se probabilmente conosciamo l'alcool da 200.000 anni (è un prodotto naturale della frutta matura) non significa che possiamo considerarlo un nutrimento: limitane il consumo e considera che in parecchie bevande (compreso il vino) è associato a solfiti, zuccheri e altri additivi dannosi per l'organismo.

Evita tutti gli alimenti confezionati che contengono tra gli ingredienti nomi che richiederebbero la laurea in chimica per la corretta interpretazione, compreso il "cloruro di sodio", che anche se sappiamo tutti essere il comune sale da cucina, deve essere limitato nel consumo.

Tranquillo, ti restano ancora centinaia di materie prime e migliaia di piatti... Non trascurare il nutrimento della mente: leggi almeno un libro al mese con totalità di scelta. Ho accennato nel capitolo "C come Competence" l'importanza dello studio delle materie del nostro specifico mercato, ma ho notato che non esistono argomenti al mondo totalmente estranei alla vendita o al nostro stile di vita. I libri è ancora meglio farseli prestare, ottenendo così l'impegno e lo stimolo a finirli per restituirli ed essere in grado di commentarli con chi ce li ha prestati.

Trova il tempo per l'attività fisica e in linea di massima evita gli ascensori per salire/scendere fino a tre-quattro piani e i mezzi per gli spostamenti fino a trecento-cinquecento metri, e se durante il giorno sono scarse le occasioni di fare questi movimenti, allora dedicati alla camminata veloce per almeno tre ore complessive alla settimana.

SEGRETO n. 24: fai attività fisica e dedica il giusto tempo al riposo e alla distrazione dall'attività lavorativa attraverso l'arricchimento dei tuoi interessi, la scoperta di nuovi luoghi, la conoscenza di nuove persone e lo studio di nuove correnti e filosofie.

Dedicati per almeno due ore al giorno ad attività che non hanno nulla a che fare con il lavoro (non vale il tempo in coda in macchina, la televisione e le almeno sei-sette ore di sonno che devi assolutamente concederti).

Quella del venditore non è una professione: è uno stile di vita. La vendita, più di ogni altra professione, richiede uno stato mentale di sintonizzazione continua, tale è la quantità di risorse e skill necessarie alla sua perfetta riuscita.

Credo fermamente che la poliedricità dell'attività di vendita sia intimamente connessa allo stile di vita. Non c'è confine, infatti, tra il miglioramento personale e quello professionale, considerato il fatto che la vendita è interazione personale.

RIEPILOGO DEL CAPITOLO 8:

- SEGRETO n. 22: L'attività di vendita è basata sull'interazione personale: per questa ragione lo stile di vita dell'uomo è strettamente connesso allo stile di vita del professionista.
- SEGRETO n. 23: Cura in modo maniacale l'alimentazione: è la tua fonte di sopravvivenza così come la prima causa di inefficienza e malattia.
- SEGRETO n. 24: Fai attività fisica e dedica il giusto tempo al riposo e alla distrazione dall'attività lavorativa attraverso l'arricchimento dei tuoi interessi, la scoperta di nuovi luoghi, la conoscenza di nuove persone e lo studio di nuove correnti e filosofie.

CAPITOLO 9:
I come Investigating (indagare)

Anche se non in modo così marcato come alcuni autori vogliono farci credere, il venditore è un *knowledge worker*, cioè un professionista coinvolto nell'acquisizione, elaborazione e scambio di idee, dati, concetti e qualunque informazione direttamente o indirettamente legata alla sua attività.

SEGRETO n. 25: indaga cominciando dalla raccolta delle "prove", cioè fatti oggettivi, informazioni pubblicamente reperibili: il web (impara il *learn-by-googling*), i social media, i database di informazioni commerciali, le fiere, le camere di commercio, le associazioni.

Gran parte delle informazioni di cui ci dobbiamo appropriare l'abbiamo vista al capitolo "C come Competence", di semplice accesso, ma abbiamo bisogno di importanti informazioni di difficile accesso per le quali è necessaria una vera e propria attività investigativa. Finché penserai che dal marketing ti arriveranno i nomi dei clienti potenziali e finché penserai che dal cliente otterrai tutte le informazioni che ti occorrono, non avrai successo: quella della lead generation e quella del cliente che collabora per "vincere insieme" sono solo teorie di un mondo perfetto. Si indaga sia con il cliente che senza il cliente: dal *Tenente Colombo* (il "finto tonto") a *CSI* (il "provocatore") abbiamo infatti imparato che si indaga sia attraverso gli "interrogatori" diretti (vedremo come nei prossimi punti) che attraverso altre innumerevoli fonti come:

- il territorio;
- i testimoni (o referenze) e ogni altra persona coinvolta;
- le basi di dati;
- l'analisi delle ramificazioni delle informazioni che ci permette di ricavare nuovi dati semplicemente elaborando tutte le informazioni in nostro possesso.

SEGRETO n. 26: indaga attraverso i "testimoni": raccogliendo ulteriori informazioni dagli altri tuoi clienti, dai colleghi, dagli utilizzatori finali del prodotto/servizio dei tuoi clienti prospect.

Si indaga anzitutto per scoprire mercati e clienti nuovi. Gli strumenti sono diversi: chiedendo ai clienti consolidati, seguendo gli spostamenti da azienda ad azienda dei nostri contatti, verificando la partecipazione alle fiere di settore del mercato in cui operiamo, le conferenze, i contatti con i colleghi venditori (ovviamente con quelli che si occupano di tipologie di prodotto non in concorrenza con il nostro), i database delle associazioni di categoria, degli elenchi industriali e degli enti certificatori, i motori di ricerca e i social network professionali (primo fra tutti LinkedIn). I nomi raccolti e i nomi che ci giungono dalla lead generation del nostro marketing (ma anche dalla demand generation online vista al settimo capitolo) saranno i nostri prospect, i clienti che dovremo conquistare (l'attività di *prospecting* non è altro che il filtraggio, tra i clienti potenziali, dei clienti probabili).

Ed ecco di nuovo l'importanza dell'attività indagatoria: scoprire i riferimenti di contatto. Scalare la montagna che c'è tra il centralino e il manager responsabile delle decisioni di acquisto. Indaga su chi-fa-cosa all'interno delle aziende: mantieni mappato l'organigramma con le funzioni utili alle diverse fasi del ciclo di vendita. Cerca di conquistare il numero del cellulare aziendale e dell'interno diretto di ogni posizione (usa queste vie quando è necessario): ci sono aziende aperte e aziende che filtrano eccessivamente le chiamate. In tutti i casi è necessario ricordare sempre che esistono diversi strumenti di contatto, da utilizzare in modo appropriato a seconda dell'obiettivo (lo vedremo meglio in uno dei prossimi punti). Ma non basta: studia sempre il sito web del tuo prospect. Mostrati preparato, leggi (o ricava) in particolare i loro valori e la loro missione, perché i clienti vogliono fornitori che condividono le loro filosofie e soprattutto perché sfrutterai meglio i pochi minuti che inizialmente ti concederanno.

SEGRETO n. 27: indaga direttamente e personalmente con il cliente, raccogliendo informazioni sul suo mercato, sulla sua organizzazione (partner e/o competitor coinvolti) e sul suo organigramma (chi-fa-cosa e la piramide decisionale).

RIEPILOGO DEL CAPITOLO 9:

- SEGRETO n. 25: Indaga cominciando dalla raccolta delle "prove", cioè fatti oggettivi, informazioni pubblicamente reperibili: il web (impara il *learn-by-googling*), i social media, i database di informazioni commerciali, le fiere, le camere di commercio, le associazioni.
- SEGRETO n. 26: Indaga attraverso i "testimoni": raccogliendo ulteriori informazioni dagli altri tuoi clienti, dai colleghi, dagli utilizzatori finali del prodotto/servizio dei tuoi clienti prospect.
- SEGRETO n. 27: Indaga direttamente e personalmente con il cliente, raccogliendo informazioni sul suo mercato, sulla sua organizzazione (partner e/o competitor coinvolti) e sul suo organigramma (chi-fa-cosa e la piramide decisionale).

CAPITOLO 10:
J come Jobbing

Non dovrei consigliarlo, ma se la mia carriera professionale è stata così ricca e completa è grazie al *jobbing*, inglesismo che ha tra le sue accezioni "il lavoro di cercare un lavoro migliore". La ricchezza di esperienze lavorative è molto apprezzata all'estero, perché denota dinamicità e spirito curioso, un po' meno apprezzata in Italia, dove insospettisce di scarsa fedeltà e adattabilità.

SEGRETO n. 28: autonomi o subordinati, i venditori sono soci (partner) dell'azienda per cui lavorano, del brand/prodotto che rappresentano, del mercato in cui operano: la corretta scelta dei tuoi partner è la base del tuo *success plan* (progetto di successo).

In ogni caso come potrei consigliarti di non fermarti, e di migliorare sempre, senza considerare che gran parte della tua formazione dipende dall'azienda per cui lavori? E anche se l'ideale sarebbe avere l'opportunità di crescere nella stessa azienda, resta il problema della limitatezza data dalla conoscenza di un solo mercato, di una ristretta categoria di clienti, di un'unica gamma di prodotti/servizi.

SEGRETO n. 29: esci dalle regole dell'outplacement: l'obiettivo non è vendere te stesso per essere ingaggiato, ma trovare i giusti partner con i quali affrontare la scalata verso il successo: verifica solidità e reputazione dell'azienda, differenziazione del prodotto e utilità/richiesta del mercato.

In ogni caso domandati: stai bene dove stai? O ti annoi? Ti senti motivato? O fanno di tutto per farti passare la voglia di fare sempre del tuo meglio? Sei affiancato, istruito e formato continuamente? O sei costretto a pagare di tasca tua anche il corso d'inglese? Ti piacciono l'area e il mercato che segui? O vorresti un ambiente più internazionale? Ami e credi nelle soluzioni che proponi? Oppure temi che stiano per diventare sorpassate? Beh, dalle risposte che darai a queste domande capirai se è ora di tuffarti in un nuovo mare, pur considerando tutti i rischi del caso.

SEGRETO n. 30: con le aziende/mandanti gestisci i colloqui in maniera attiva: è vero che devi dimostrare le tue capacità/potenzialità, ma è altrettanto vero che loro devono dimostrare la capacità/potenzialità di sfruttarle e migliorarle.

RIEPILOGO DEL CAPITOLO 10:

- SEGRETO n. 28: Autonomi o subordinati, i venditori sono soci (partner) dell'azienda per cui lavorano, del brand/prodotto che rappresentano, del mercato in cui operano: la corretta scelta dei tuoi partner è la base del tuo *success plan* (progetto di successo).
- SEGRETO n. 29: Esci dalle regole dell'outplacement: l'obiettivo non è vendere te stesso per essere ingaggiato, ma trovare i giusti partner con i quali affrontare la scalata verso il successo: verifica solidità e reputazione dell'azienda, differenziazione del prodotto e utilità/richiesta del mercato.
- SEGRETO n. 30: Con le aziende/mandanti gestisci i colloqui in maniera attiva: è vero che devi dimostrare le tue capacità/potenzialità, ma è altrettanto vero che loro devono dimostrare la capacità/potenzialità di sfruttarle e migliorarle.

CAPITOLO 11:
K come Knowledge worker
(lavoratore della conoscenza)

L'informazione non è potere. L'informazione è valore. E diventa potere solo se spesa, cioè trasformata, diffusa e utilizzata nel migliore dei modi. L'informazione, insomma, deve essere gestita. Ho accennato in vari punti, dalla competenza all'indagare, quanto sia importante raccogliere informazioni, ma non dobbiamo limitarci a raccoglierle e archiviarle: dobbiamo fare in modo che siano accessibili, fruibili, aggiornabili, sfruttabili.

SEGRETO n. 31: l'informazione diventa potere solo se trasformata, diffusa e sfruttata nel migliore dei modi.

Weiss diceva che la conoscenza è come un organismo: metafora perfetta che rende l'idea di una cosa che vive, si rinnova (concetto fondamentale, perché fare affidamento a informazioni sorpassate è peggio che fare affidamento all'ignoranza), cresce, interagisce, si nutre. Fondamentale è fare in modo che l'organismo conoscenza sia alimentato da tutti i media che producono dati: la corrispondenza mail con il cliente, le telefonate, le visite commerciali e quelle di dimostrazione o approfondimento tecnico, le informazioni incrociate.

SEGRETO n. 32: la conoscenza è come un organismo: vive, si rinnova, cresce, interagisce e si nutre continuamente anche delle informazioni dei tuoi colleghi (è come acquisire l'esperienza di ogni singolo elemento della tua squadra).

Ci sono ancora aziende che si pongono il problema dei report visita, per archiviarli come somma massima dell'attività di vendita. Assurdo. Oggi l'attività commerciale è fatta su così tanti fronti che spesso i dati utili sono contenuti in una mail piuttosto che acquisiti durante una visita. Oltretutto il tempo in visita rappresenta oggi circa il 25% dell'attività del venditore, e possiamo essere sicuri che tutti i dati ricevuti in visita rappresentano anch'essi circa il 25% delle informazioni che riceviamo dai clienti. Oggi è necessaria una gestione delle informazioni integrata. Un software CRM (magari cloud) è lo strumento perfetto. Come accennato, l'accessibilità è uno dei parametri più importanti nella gestione delle informazioni: immagina una piattaforma unica, che consente l'integrazione del database clienti, completo di anagrafica e organigramma contatti. E poi le informazioni ricevute indipendentemente dal mezzo (mail, telefono, visita) e dalla persona (anche il vostro customer service raccoglie importanti informazioni e deve contribuire ad aggiornare il sistema di conoscenza), così come le opportunità e la road-map (o il Gantt) delle esigenze logistiche e di ingresso in valutazione e produzione delle nuove soluzioni (nuovi design). Ora immagina un'integrazione delle informazioni che ti consente di fare facilmente tuo lo sfruttamento dei dati: la ricerca. Tutto grazie a un campo seguito da un tasto con l'icona di una lente di ingrandimento.

E ora immagina anche la presenza in questa piattaforma delle informazioni che la tua azienda invia al cliente: offerte, specifiche tecniche, documenti vari e altre azioni di marketing. Completa il tutto con la possibilità di accedere a questa piattaforma sia per la compilazione che per la consultazione attraverso qualunque punto di accesso: dal PC in ufficio, al tablet o palmare in viaggio ecc.

Lo hai visualizzato? Bene: questo è il mondo del *knowledge worker*. Cura l'organizzazione del tuo database di informazioni: è la tua più grande ricchezza.

SEGRETO n. 33: affida la memorizzazione delle informazioni a un sistema informatizzato (da un semplice file a un completo CRM): la facilità di ricerca è il primo indice di efficacia del loro sfruttamento.

RIEPILOGO DEL CAPITOLO 11:

- SEGRETO n. 31: L'informazione diventa potere solo se trasformata, diffusa e sfruttata nel migliore dei modi.
- SEGRETO n. 32: La conoscenza è come un organismo: vive, si rinnova, cresce, interagisce e si nutre continuamente anche delle informazioni dei tuoi colleghi (è come acquisire l'esperienza di ogni singolo elemento della tua squadra).
- SEGRETO n. 33: Affida la memorizzazione delle informazioni a un sistema informatizzato (da un semplice file a un completo CRM): la facilità di ricerca è il primo indice di efficacia del loro sfruttamento.

CAPITOLO 12:
L come Lean selling
(organizzazione di vendita snella)

Il *lean thinking* (pensiero snello) è da oltre mezzo secolo la filosofia vincente dei processi produttivi in Giappone (organizzazione "Kaizen", con Toyota in testa su tutte), ma sempre più osservata anche in Occidente (modello "Six-Sigma") con il principio per cui per aumentare efficacia, efficienza e riuscita (qualità) di ogni processo sono necessarie l'eliminazione degli sprechi e la definizione di cosa è valore. Valore per il cliente, però, non valore per l'azienda (profitto – che sarà comunque la naturale conseguenza della riuscita del processo di miglioramento continuo).

In linea di massima possiamo definire valore per il cliente tutto ciò che il cliente è ragionevolmente disposto a pagare. La base di partenza resta, in ogni caso, l'individuazione dei reclami dei clienti, sfruttando anche i dati dell'ufficio qualità e la creazione di un database parallelo dove raccogliere le ragioni di acquisto, il perché prendiamo ordini dai clienti: la più preziosa informazione che ogni organizzazione commerciale dovrebbe raccogliere per avere una chiara fotografia dei suoi punti di forza.

Eliminare gli sprechi e fare di più con meno

Possibile? Già dalle teorie di Pareto lo sospettavamo, ma siamo stati traditi dalla semplificazione del concetto che abbiamo vissuto e che vedeva come scopo primario non la riduzione degli sprechi, ma una generica riduzione dei costi. Limiti alle note spese (una stella in meno agli alberghi e una portata in meno ai pasti), tagli ai viaggi, alla pubblicità, alle fiere, e la più grave: tagli al personale e chiusure di filiali e insediamenti produttivi. Ebbene la riduzione dei costi non ha nulla a che fare con la riduzione degli sprechi. La riduzione degli sprechi è un taglio chirurgico all'inutile. La differenza sostanziale tra la riduzione dei costi e la riduzione degli sprechi è che la seconda non ha alcun effetto boomerang, ma anzi si autoalimenta e genera ulteriore miglioramento.

SEGRETO n. 34: la vendita è assimilabile alla produzione, cioè consumo di tempo e costi di gestione che devono produrre affari: eliminando gli sprechi avrai più tempo e risorse per produrre nuovi affari.

Il taglio dei costi è come la matematica elementare, è incredibile che sia spesso applicato da manager di profonda capacità. Il taglio degli sprechi, invece, è come l'algebra: necessita di una certa capacità di analisi che è di per sé un costo di risorse (tempo soprattutto) per la valutazione di cosa crea valore e di cosa è inutile, ma è un processo continuo: si comincia e si punta alla perfezione (quindi non si finisce mai...).

Il lean thinking nasce in aiuto all'ottimizzazione dei processi produttivi, ma le sue linee guida hanno interessanti applicazioni in ogni settore non puramente industriale, dalla gestione degli ospedali, alle aziende di servizi, alla logistica, alla finanza e... alla vendita! Del modello giapponese Kaizen (letteralmente *kai*, cambiamento e *zen*, meglio) amo in particolare il concetto filosofico che ne guida il pensiero: l'energia viene dal basso. Mi piace pensare che nel settore delle vendite in quel "basso" ci sia anzitutto il cliente, ma subito dopo il venditore. Da quel "basso", cioè dalla produzione, dall'operaio (o dal venditore sul campo), il manager giapponese capisce dove è necessario intervenire e come è necessario ripensare i processi produttivi, amministrativi, logistici, attraverso uno strumento che è di per sé la più schietta e diretta forma di comunicazione: la cassetta dei suggerimenti. Perché le risposte vanno cercate anzitutto dentro (l'azienda). Altro che pagare analisti, economisti e astrologi!

SEGRETO n. 35: lo spreco è tutto ciò che non è valore per il tuo cliente: considera le ragioni di acquisto, quelle di mancato acquisto e le lamentele dei tuoi clienti come base del miglioramento continuo della tua attività.

L'approccio al miglioramento continuo è semplice: come accennato, la prima regola per la caccia agli sprechi è capire, al contrario, cosa invece è utile al cliente. Cosa il cliente identifica come valore in noi, nel nostro prodotto e nei servizi di fornitura associati. Ritroviamo dunque fondamentale la prima qualità che dobbiamo possedere per vendere: la capacità di metterci nei panni del cliente e osservare cosa percepisce della nostra attività. La prima cosa che si scopre è quanto il cliente ignori della complessità del nostro lavoro. E già questo ci svela che gran parte della nostra attività non ha nulla a che fare con il processo di vendita percepito, vissuto e utilizzato dal cliente. Questo non significa che sprechiamo gran parte del nostro tempo, ma deve generare comunque importanti riflessioni.

Il tempo: sul valore percepito dal cliente, domandiamoci, ad esempio, se gli piaccia attendere per una risposta (un'offerta, l'approfondimento di una caratteristica, la soluzione di un problema di qualità). Gradisce i ritardi di consegna? Siamo in grado di rispettare i tempi pattuiti anche nei servizi di assistenza post-vendita? Già: il tempo è il primo argomento, e proprio per questa ragione è nato, sempre in Giappone, il sistema *just-in-time*, con il Kanban che ottimizza il flusso di fornitura e lo sfruttamento immediato della materia prima da lavorare, senza inutile (cioè spreco) stoccaggio.

Nelle categorie degli sprechi identificati in Toyota, i *seven wastes*, l'attesa è tra i più importanti, perché genera spreco di tempo, la più importante risorsa nel costo di un processo (il tempo è denaro!). Cosa deve fare quindi il venditore per abbreviare il più possibile i tempi di attesa del cliente? Anzitutto imparare a gestire le attività in funzione delle priorità e del valore, cioè avere chiara la differenza tra urgente e importante e soprattutto capire che urgente e importante sono concetti definiti dal cliente e non dagli impegni dell'azienda o del venditore. Devono essere semplificate e ridotte tutte le attività del venditore che non hanno nulla a che fare con la vendita e con la relazione verso il cliente.

La reportistica e i CRM, ad esempio, sono necessari, ma altrettanto necessario è fare in modo che il venditore ne abbia semplice accesso, facilità di compilazione e soprattutto essenzialità delle informazioni da inserirvi e mantenere. Mai dimenticare che tutto ciò che è utile all'azienda non sempre è altrettanto utile al cliente, né direttamente, né indirettamente (quindi domandiamoci sempre perché lo facciamo).

Un altro importante spreco tra i seven wastes della Toyota, di particolare estensione alla vendita e causa di spreco di risorse, è il processo inappropriato: eseguire un'attività attraverso una macchina sovradimensionata per il ruolo. Portare una brochure o consegnare una campionatura di persona (conviene farlo fare alla posta), consegnare il materiale di persona (a meno che non ci occupiamo di tentata vendita conviene affidare l'incarico a un corriere), occuparci in prima persona dei problemi logistici o amministrativi (c'è il customer care), è uno spreco di tempo. I venditori lo fanno con l'illusione di consolidare il rapporto, di sfruttare tutte le occasioni che gli consentono di essere sentito o ricevuto dal cliente, ma non è così. Anche contattato tutti i giorni, il cliente non vi darà maggiore importanza di chi vede solo una volta al mese ma gli dimostra valore, risolvendogli (o non causandogli) problemi e dandogli soluzioni. Mai confondere il concetto di martellamento della pubblicità con la potente efficacia del fare le cose quando sono utili per tutti. Impatto è la parola d'ordine. Non frequenza.

Un altro tra i seven wastes che causa perdita di tempo è il movimento non necessario, da applicare nell'attività di vendita soprattutto nella pianificazione delle visite. Il concetto di venditore-operaio è morto. Potrebbe esserci una certa proporzionalità tra il numero di visite e il numero di contratti chiusi, ma ancora più importante è il rapporto tra le visite che hanno generato business e le visite che hanno generato perdita di tempo del venditore e del cliente. Efficacia prima di tutto. E poi efficienza.

Efficacia: la regola più importante per sfruttare al massimo l'attività di visita cliente è essere sicuri dell'utilità di ogni visita cliente. Il primo contatto, la telefonata al prospect, non deve avere lo scopo di prendere l'appuntamento per poi approfondire: deve avere lo scopo di capire se ha senso prenderlo l'appuntamento.

Nessuna forzatura, dunque: ci si ritorcerebbe contro. Nel concetto win-win dobbiamo considerare che la visita, l'attività in assoluto più costosa del venditore, è un'occasione da sfruttare al massimo sia per noi che per il cliente. Durante la telefonata è importante fare da subito qualche domanda preliminare per capire anzitutto se il nostro interlocutore è quello giusto, poi se l'attività del cliente potrebbe migliorare grazie al nostro prodotto (e non se possiamo vendergli qualcosa). Con il tempo affineremo il sesto senso che ci aiuterà a distinguere il cliente perditempo da quello con interessanti potenzialità perché anche stare dietro a clienti inconcludenti è uno spreco da eliminare.

Sia durante la telefonata che durante la visita, inoltre, è fondamentale sfruttare il tempo che avremo a disposizione (normalmente cinque-dieci minuti al telefono e un'ora circa in visita): evitiamo dunque domande a cui potremmo trovare risposta attraverso altri canali (informazioni, networking, sito web del cliente). Conoscendo prima la collocazione sul mercato e la visione strategica del cliente saremo più preparati sui punti chiave della nostra proposta che più si avvicinano ai suoi valori (mette in risalto la qualità? La tecnologia? I prezzi? La puntualità di consegna e servizio?) perché saranno gli stessi punti che pretenderà dai suoi fornitori. La preparazione sul cliente e la competenza sul mercato/prodotto è essenziale per aumentare l'efficacia della visita. Ricordiamo sempre che rimanere senza una pronta risposta in visita significa portarsi in ufficio una mole di lavoro che comporta la verifica del dubbio, il veicolarsi di comunicazioni con il nostro staff interno e poi il dover riprendere il discorso con il cliente per trasferirgli le informazioni. Se necessario, anche durante il colloquio con il cliente, telefonare in sede a chi sappiamo potrebbe toglierci subito il dubbio. Non è assolutamente scortese farlo di fronte al cliente, che preferisce sicuramente eliminare subito i dubbi.

Efficienza: basterebbe avere un minimo di mentalità imprenditoriale per eliminare gli sprechi dovuti alla mancanza di ottimizzazione delle risorse. Dopo il concetto tempo, è il concetto trasporti a rappresentare il maggior costo della nostra attività. Dobbiamo avere cura di impostare il tour visite in accordo con il percorso e soprattutto con l'importanza degli obiettivi delle visite. È innegabilmente difficile ma assolutamente importante tenerlo sempre a mente. Un metodo è quello di fare un rapido calcolo del costo (tempo + autostrada + carburante) e associarlo al cliente come se dovessimo fare visita solo a lui in quel giorno: aiuta a considerare sempre l'urgenza e il valore che può scaturire dall'obiettivo della visita e non l'importanza del prospect.

Per tutte le attività, infatti, è l'obiettivo il vero target. Non il numero di dipendenti del cliente o il suo capitale versato. Anche i tempi devono essere saggiamente gestiti: presentare una soluzione troppo presto è come presentarla troppo tardi: spreco di tempo. Tra le più importanti regole della comunicazione c'è il catturare l'attenzione dell'interlocutore: può essere interessato a discutere di una nuova flotta di autotrasporti se il suo leasing in corso termina tra diciotto mesi? Va bene giocare d'anticipo, essere proattivi e fare demand creation, ma dobbiamo farlo adeguatamente per sfruttare al meglio i tempi e massimizzare l'efficacia della nostra attività.

Gli strumenti

Gli strumenti sono parte essenziale per lo svolgimento di ogni attività. Provate a toccare i coltelli di un cuoco e ve ne accorgerete. Provate ad avvicinarvi al carrello degli attrezzi di un meccanico e ne avrete conferma. Nel Kaizen viene data grande importanza alla cura e manutenzione degli attrezzi di lavoro. I primi due principi del Kaizen, Seiri e Seiton, sono relativi proprio agli strumenti e in generale all'area fisica dove viene eseguito il lavoro.

Il Seiri (distinzione) è estremamente importante in quanto è la base di tutto il lean thinking: separare ciò che è utile da ciò che è superfluo, inutile o che crea distrazioni. Il Seiton (ordine) è la fase di azione che deriva dall'analisi di distinzione eseguita nel Seiri. Nella visione di fabbrica questi primi due principi sono intesi come cura del posto di lavoro (ordine e pulizia), ma nell'applicazione all'attività di vendita non dobbiamo limitarci al concetto di pulizia della scrivania o dell'autovettura, ma estenderlo all'attività/organizzazione: con gli strumenti e i documenti necessari all'esecuzione del lavoro, correttamente ordinati in modo da poterli trovare immediatamente all'occorrenza, otteniamo da subito un notevole risparmio di tempo e di risorse mentali.

Chiediamoci, ad esempio, se sono utili due o tre cellulari e altrettanti PC. Chiediamoci se è utile avere diversi indirizzi di posta elettronica e diversi mezzi di consultazione. Chiediamoci quanto sia utile gestire documenti cartacei rispetto alla gestione e archiviazione elettronica e con quest'ultima scelta valutiamo la possibilità di accesso universale che oggi ci concede il cloud computing.

Strumenti di comunicazione: citazione dal film *Léon* di Luc Besson dove il protagonista (interpretato da Jean Reno), un killer professionista, parla dell'uso delle armi: «Il fucile è la prima arma che si impara a usare perché ti permette di mantenere una certa distanza dal cliente. Più ti avvicini a diventare professionista, più riesci ad avvicinarti al cliente. Il coltello, per esempio, è l'ultima cosa che si impara». Impariamo a usare allo stesso modo le nostre armi di comunicazione, considerando il loro raggio d'azione e i vantaggi da sfruttare di ognuna (costo, comodità, accesso, rapidità di trasferimento del messaggio): dalla email (soprattutto per conferme, riepiloghi e comunicazioni che richiedono la forma scritta ma non hanno carattere di urgenza: non sappiamo quando verrà letta), alla telefonata che spesso consente un maggiore livello di attenzione dell'interlocutore (che in visita si distrae molto di più), da utilizzare soprattutto per le comunicazioni urgenti, andando immediatamente al punto (potrebbe sembrare che siamo di fretta, ma in realtà guadagneremo in professionalità e sarà più difficile che il cliente si faccia negare per timore di perdere tempo), alla visita (vedi sopra al paragrafo *Efficacia*) o alla visita con collega (specialista, superiore o responsabile di dipartimento), che è il contatto a più elevato impatto verso il cliente e a maggior costo e deve quindi essere organizzata quando necessario per approfondire temi estremamente specifici e assicurando la presenza da parte cliente di una figura altrettanto coinvolta nell'argomento specifico (inutile portare uno specialista tecnico da un acquisitore o il direttore credito a discutere di un fido di poche migliaia di euro).

Gestione del flusso di informazioni

Ne ho parlato nel capitolo "K come Knowledge worker" e accennato nel paragrafo sui tempi di attesa del cliente, ma qualche parola è sempre utile. La gestione del flusso di informazioni è il più grande problema di ogni organizzazione commerciale, vissuto da tutti i venditori in ogni epoca, eppure sembra ancora irrisolto, malgrado oggi sia possibile un'efficace automazione del flusso di informazioni tramite i software CRM.

Dal cliente al venditore ai reparti customer care, logistica/magazzino, management, marketing, amministrazione, la difficoltà maggiore nella gestione del flusso di informazioni è stabilire il chi-fa-cosa. Le organizzazioni di qualità dovrebbero porre le basi della gestione dei flussi di informazione, ma fanno il danno di richiedere l'accompagnamento di documenti specifici, moduli, approvazioni, causando inutili lungaggini burocratiche.

Considerando per ora l'aspetto che coinvolge il cliente, e con lui il venditore che è l'interfaccia del cliente in azienda, la regola principe è che il venditore sia il responsabile della gestione della richiesta, facendosi carico di seguirne il percorso attraverso i vari reparti e assicurandosi che non rimanga mai bloccata per nessuna ragione. Non deve mai considerare trasferito un messaggio fino a che non sia sicuro non solo che il messaggio abbia raggiunto il destinatario, ma che sia stato compreso e che sia sempre viva l'attività di verifica/soluzione/risposta. L'uso della mail, come descritto sopra, ha il vantaggio di lasciare traccia scritta, ma come accennato non ha certezze sui tempi di ricezione e comprensione. Le verifiche e i solleciti non devono essere fatti attraverso il medesimo canale. Nessuna risposta alla mail? Allora è il caso di usare il telefono. Ho visto colleghi fare solleciti settimanali incaponendosi sul fatto di avere seguito le vie ufficiali del sistema, ma la mia domanda è: «Mentre tu fai le cose come da manuale di qualità, il cliente cosa fa, aspetta?»

Nel lean thinking viene cancellato il modello gerarchico basato su mansioni e reparti: per aumentare l'efficacia nella gestione del flusso di informazioni è necessario minimizzare le barriere della burocrazia. È come prendere l'ascensore per fare dieci piani: molto più rapido farlo senza soste obbligate ai piani intermedi, cioè gli intermediari che vagliano, autorizzano e trasmettono il messaggio/richiesta.

Per le questioni più importanti, che coinvolgono la partecipazione di più persone, è bene sfruttare le nuove tecnologie che consentono le conference-call. Anche i meeting interni, per aggiornamenti tecnici (seminari) o business review, chiediamoci sempre se non sia il caso di farli attraverso una videoconferenza o webinar. Oggi tutti i tablet e gran parte dei PC portatili hanno la webcam: sfruttiamo la tecnologia!

La gestione dei flussi delle azioni (non solo in relazione alle informazioni) è talmente annosa che da oltre un secolo è stata teorizzata da un'analisi matematica chiamata "teoria delle code". Anche qui stabilire la differenza tra importante e urgente aiuta ad accorciare notevolmente i tempi di attesa del cliente. Usare nelle mail un oggetto che sia davvero un riepilogo del suo contenuto. Usare con la giusta moderazione il flag di urgente delle mail: perde il suo senso se ci ostiniamo a inserirlo nel 99% delle comunicazioni. E l'errore più grande: dedicarsi a una certa attività a orari o giorni settimanali prestabiliti. Magari siamo convinti di essere più organizzati, ma ancora una volta la domanda da porsi è: «E il cliente cosa fa, aspetta?»

SEGRETO n. 36: cura lo sfruttamento della risorsa tempo: quello che dedichi alle attività utili al tuo business e quello percepito dal cliente, cioè i suoi tempi di attesa.

RIEPILOGO DEL CAPITOLO 12:

- SEGRETO n. 34: La vendita è assimilabile alla produzione, cioè consumo di tempo e costi di gestione che devono produrre affari: eliminando gli sprechi avrai più tempo e risorse per produrre nuovi affari.
- SEGRETO n. 35: Lo spreco è tutto ciò che non è valore per il tuo cliente: considera le ragioni di acquisto, quelle di mancato acquisto e le lamentele dei tuoi clienti come base del miglioramento continuo della tua attività.
- SEGRETO n. 36: Cura lo sfruttamento della risorsa tempo: quello che dedichi alle attività utili al tuo business e quello percepito dal cliente, cioè i suoi tempi di attesa.

CAPITOLO 13:
M come Method (metodo)

Il primo, grande, passo in avanti fatto nelle organizzazioni commerciali è la presa di coscienza che la vendita è il risultato di un complesso processo di attività e reazioni.

SEGRETO n. 37: la vendita non è né arte né improvvisazione: affidarsi alla creatività del momento è come affidarsi al caso.

Idee come il franchising nascono proprio dal presupposto che se un'attività ha particolare successo, replicandola con i dovuti accorgimenti in qualunque altro luogo sulla Terra deve riscuotere il medesimo successo. Diverse società al mondo (Huthwaite è una delle più importanti nel settore) hanno registrato e analizzato le attività di vendita scorporandone le diverse fasi attive sino ad arrivare all'analisi delle frasi, domande, approcci, reazioni utilizzati dai venditori. Da un database di decine di migliaia di esperienze reali è emerso un risultato statistico di ciò che funziona meglio e di ciò che non conduce a risultati di particolare rilievo. Pura matematica, insomma, non opinioni o filosofie personali di singoli guru. La vendita non è un'arte, a meno che non siate camaleontici (in grado di adattarvi ogni volta al diverso ambiente/cliente) o altamente carismatici (in grado di ottenere l'adattamento del cliente al vostro stile). I venditori mortali devono imparare e adottare un metodo, sintonizzato con l'azienda (vedi il punto "A come Alignment"), che consenta il raggiungimento di "quello che mediamente funziona". È come la clonazione delle eccellenze: Cylon di venditori e modelli aziendali che funzionano, perché c'è sempre un percorso che facilita il successo di vendita.

SEGRETO n. 38: il metodo non è una serie programmata di attività, ma un *gestalt*: un insieme di attività che come i diversi apparati di un organismo hanno l'obiettivo di interagire tra loro e concorrere al comune obiettivo del successo.

Non è detto che sia una scorciatoia, anzi, a volte vi sembrerà di perdere tempo in attività inutili, ma è una sequenza di azioni che aumenta le possibilità di successo. Non esiste un metodo universale, proprio perché ogni mercato, ogni prodotto, ogni organizzazione ha il suo processo ideale, ma potrete trovare il vostro facendo esattamente quello che fanno le società di ricerca: analisi e statistica delle ragioni che vi hanno fatto perdere ordini e delle ragioni che vi hanno consentito di conquistare il cliente.

Meglio ancora se aggiungete all'analisi anche le esperienze dei vostri colleghi: sarà come aggiungere decenni di attività alla vostra esperienza. Il metodo deve essere costruito in modo da contenere sempre una sequenza programmata di attività (organizzazione), ma come un organismo vivente deve prevedere le reazioni alle situazioni fuori dalla normalità e soprattutto deve essere in grado di crescere e adattarsi continuamente all'evoluzione dell'ambiente (mercato). Lasciatevi aperta una porta all'improvvisazione e alla creatività per tutte quelle occasioni in cui serve una via di fuga, una scorciatoia, per pensare e soprattutto agire fuori dagli schemi: genio e regolatezza. Non esistono successi o insuccessi, ma solo risultati (o feedback): usateli per sapere sempre cosa replicare e cosa modificare nel vostro comportamento di vendita.

SEGRETO n. 39: organizza il tuo metodo in funzione del contesto in cui lo applicherai (il tuo skill, la tua azienda, il tuo mercato, il tuo prodotto) e in modo che contempli le revisioni periodiche dettate dalle evoluzioni di quel contesto.

RIEPILOGO DEL CAPITOLO 13:

- SEGRETO n. 37: La vendita non è né arte né improvvisazione: affidarsi alla creatività del momento è come affidarsi al caso.
- SEGRETO n. 38: Il metodo non è una serie programmata di attività, ma un *gestalt*: un insieme di attività che come i diversi apparati di un organismo hanno l'obiettivo di interagire tra loro e concorrere al comune obiettivo del successo.
- SEGRETO n. 39: Organizza il tuo metodo in funzione del contesto in cui lo applicherai (il tuo skill, la tua azienda, il tuo mercato, il tuo prodotto) e in modo che contempli le revisioni periodiche dettate dalle evoluzioni di quel contesto.

CAPITOLO 14:

N come Network (rete di conoscenze)

Fare networking significa creare, incrementare (in quantità), migliorare (in qualità) e gestire (nutrire) i rapporti con gli altri. Benché una rete di relazioni possa essere misurata in numero di contatti, è essenziale porre attenzione alla qualità di ogni contatto.

SEGRETO n. 40: il network di conoscenze deve essere inteso non come l'insieme dei contatti che conosci, ma come l'insieme dei contatti che ti conoscono.

Ho colleghi che vantano il raggiungimento di mille biglietti da visita di clienti. Altri che vantano il medesimo traguardo raggiunto negli amici su Facebook o nei collegamenti diretti su LinkedIn. Ma il networking non è collezionismo. Lo scopo del networking è esattamente come quello associativo: raggruppare persone con interessi simili. Non confondete mai il networking come la via di accesso al business: il vantaggio che ne trarrete sarà sempre e solo lo scambio di esperienze, informazioni, risorse, che solo indirettamente potranno portarvi del business.

SEGRETO n. 41: mantenere il network di conoscenze costa importanti risorse di tempo: limita dunque la quantità mantenendo sempre alta la qualità dei contatti (importanza strategica) con i quali mantenere la relazione.

Mantenete e nutrite la vostra rete di relazioni scambiando opinioni sul mercato: il venditore è spesso visto come specialista grazie proprio alla vasta conoscenza che possiede sui punti di vista di diverse aziende dislocate su diverse aree geografiche. Sulla quantità è opportuno accennare alla "teoria dei sei gradi di separazione": al sesto grado (contatto diretto con contatto di contatto di contatto... per sei) siete in grado di raggiungere i quasi sette miliardi di popolazione terrestre. Considerate quindi la possibilità di avere alcuni contatti come semplici intermediari alla via di accesso verso altri contatti importanti. Sempre a proposito della quantità, considerate che secondo la teoria del "numero di Dunbar" avrete un limite di centocinquanta persone con le quali riuscirete a mantenere una relazione significativa: ecco perché è necessario fare manutenzione al network aggiornandolo e selezionandolo continuamente.

SEGRETO n. 42: il networking più proficuo è il simbolo del concetto di win-win: uno scambio di informazioni e conoscenze tra professionisti.

RIEPILOGO DEL CAPITOLO 14:

- SEGRETO n. 40: Il network di conoscenze deve essere inteso non come l'insieme dei contatti che conosci, ma come l'insieme dei contatti che ti conoscono.
- SEGRETO n. 41: Mantenere il network di conoscenze costa importanti risorse di tempo: limita dunque la quantità mantenendo sempre alta la qualità dei contatti (importanza strategica) con i quali mantenere la relazione.
- SEGRETO n. 42: Il networking più proficuo è il simbolo del concetto di win-win: uno scambio di informazioni e conoscenze tra professionisti.

CAPITOLO 15:
O come Objective (obiettivo)

L'obiettivo è il principe della preparazione. Stabilito l'obiettivo sarà possibile costruire le strategie (risorse, attività) che vi porteranno a raggiungerlo. Gli obiettivi sono su diversi livelli temporali: breve termine, medio termine e medio-lungo termine.

SEGRETO n. 43: lo scopo dell'obiettivo è progettare a ritroso le azioni necessarie a raggiungerlo: non esiste obiettivo senza un preciso piano.

Non esistono obiettivi di lungo termine perché, come diceva Haynes, «Nel lungo termine saremo tutti morti». Citazioni a parte, il rapido cambiamento che vive il mondo richiederebbe aggiustamenti tali agli obiettivi e strategie di lungo termine, che sarebbe come ridefinirle completamente. L'obiettivo di breve termine è lo scopo del contatto con il cliente (telefonata, visita) e richiede quindi lo studio preventivo del cliente, refresh dell'attività già svolta, raccolta informazioni (vedi "I come Investigating") per arrivare con un pronto piano di azione: presentazione personalizzata, informazioni da completare, dati sullo status quo del cliente. Nel breve-medio termine (settimanale-mensile-trimestrale) ponetevi tra gli obiettivi la conquista di un importante prospect, di nuove aree, o la fidelizzazione di un cliente attivo (cioè riuscire a diventare suo fornitore anche di un'ulteriore linea prodotti). L'obiettivo a medio termine è il vostro *business plan*: la strategia necessaria a raggiungere obiettivi strategici come un certo EBIT, o il completo ritorno di alcuni investimenti. Nel medio-lungo termine c'è la mission aziendale, solitamente a cinque anni, sullo status che si vuole raggiungere (diventare il riferimento per il suo mercato, ad esempio).

SEGRETO n. 44: suddividi i tuoi obiettivi nei diversi livelli temporali di attività per eseguirli: a breve termine, a medio termine e a medio-lungo termine, prevedendo sempre la periodica analisi dei risultati intermedi e le eventuali azioni correttive necessarie.

Non confondere mai l'obiettivo di questo punto con quello che i manager chiamano obiettivo (il budget annuale): è da tre quarti di secolo che Deming cerca di demolire l'MBO (la gestione per obiettivi), ma pare che a parecchi manager dia ancora un senso di sicurezza.

SEGRETO n. 45: l'obiettivo non è un numero da raggiungere, ma il salto a un livello avanzato del tuo status.

RIEPILOGO DEL CAPITOLO 15:

- SEGRETO n. 43: Lo scopo dell'obiettivo è progettare a ritroso le azioni necessarie a raggiungerlo: non esiste obiettivo senza un preciso piano.
- SEGRETO n. 44: Suddividi i tuoi obiettivi nei diversi livelli temporali di attività per eseguirli: a breve termine, a medio termine e a medio-lungo termine, prevedendo sempre la periodica analisi dei risultati intermedi e le eventuali azioni correttive necessarie.
- SEGRETO n. 45: L'obiettivo non è un numero da raggiungere, ma il salto a un livello avanzato del tuo status.

CAPITOLO 16:

P come Presentation (presentazione)

La presentazione d'effetto è uno dei temi più cari che ho. Chi pensa di aver fatto un passo avanti con la storia del fare domande e ascoltare ha dimenticato almeno metà del percorso necessario a raggiungere il cliente.

SEGRETO n. 46: prepara la tua presentazione concentrandoti su ciò che al tuo cliente interessa sapere e non su ciò che a te interessa trasmettere.

Molla Power Point e simili, anche la versione cartacea che usi quando il portatile è scarico. Trasforma l'incontro in una presentazione attiva. Muoviti all'interno della presentazione come un hyperlink: fermandoti, approfondendo, generando domande e rinviando su nuovi percorsi. Le presentazioni non devono essere un film. Considera sempre le teorie di Ausubel e Novak sulla ramificazione dell'apprendimento e la memorizzazione dei concetti: un solo punto oscuro sulla tua presentazione e l'intero flusso viene mal recepito, soprattutto nello scopo finale (la dimostrazione). Non permettere al cliente di sganciarsi: tienilo coinvolto pensando più a quello che gli interessa sapere piuttosto che a quello che a te interessa trasmettere.

SEGRETO n. 47: organizza la tua presentazione come se fosse un dialogo, capace di stimolare domande, approfondimenti, interazione.

La presentazione più efficace è quella non solo preparata alle interruzioni, ma che si fa generatrice di domande, proprio per l'interesse attivo che suscita. È una presentazione e al tempo stesso una dimostrazione: con esempi, metafore, schemi. È vera comunicazione: bilaterale. Fatta di una buona parte di premesse, e quindi di domande e risposte da entrambi i lati. Una comunicazione che vuole trasmettere un'idea straordinaria attraverso l'abbattimento di scetticismi e pigrizia mentale. Non è solo essere folli: è contagiare di follia. E deve essere presentata come una rivoluzione, con entusiasmo, con passione. E senza alcuna umiltà, che non occorre proprio perché, nella convinzione della eccezionalità della proposta trasmessa, fa sentire impegnati in un'operazione che porta al cliente valore, non la richiesta di un ordine. Comunica con assertività: assoluto rispetto nell'ascolto delle obiezioni del cliente ma altrettanta fermezza nel dichiarare come sentenze i dati e i fatti, che non saranno percepiti come opinioni personali o semplici parole.

SEGRETO n. 48: la presentazione deve essere multimediale perché sia in grado di colpire da tutte le angolazioni la tua platea: usa dimostrazioni pratiche, video, immagini, metafore, enfasi paraverbale.

RIEPILOGO DEL CAPITOLO 16:

- SEGRETO n. 46: Prepara la tua presentazione concentrandoti su ciò che al tuo cliente interessa sapere e non su ciò che a te interessa trasmettere.
- SEGRETO n. 47: Organizza la tua presentazione come se fosse un dialogo, capace di stimolare domande, approfondimenti, interazione.
- SEGRETO n. 48: La presentazione deve essere multimediale perché sia in grado di colpire da tutte le angolazioni la tua platea: usa dimostrazioni pratiche, video, immagini, metafore, enfasi paraverbale.

CAPITOLO 17:
Q come Questions (domande)

Le domande, accennate al capitolo "I come Indagare", sono estremamente importanti, perché possono generare il blocco nel cliente oppure, se sono intelligenti e potenti, lo sblocco totale. Come nel gioco dell'oca hai la possibilità di allungare il ciclo di vendita fermandoti su 90 caselle diverse e rischiando le penalità che ti faranno arretrare, oppure, riuscendo a gestire il colloquio in maniera opportuna, arrivare al punto in poche mosse. Una domanda potente è quella che riesce contemporaneamente a indagare dimostrando interesse per il cliente e mantenere il controllo della discussione.

SEGRETO n. 49: non limitarti a usare le domande per ottenere informazioni: impostale in modo che siano in grado di mantenere il controllo del dialogo.

Il miglior uso delle domande che conosco è quello utilizzato ancora oggi presso diverse università (prima fra tutte quella di Oxford) per consentire agli studenti di arrivare a una conclusione attraverso il loro personale modo di ragionare: l'insegnamento induttivo, cioè una sequenza di domande che aprono la mente, fanno riflettere e ricercare negli schemi mentali, partendo da concetti estremamente basilari.

Il verbo *vendere*, infatti, è spesso utilizzato per esprimere l'accettazione di un'idea, con l'interlocutore che appena recepisce il messaggio e si convince della validità del concetto dice: «Venduta!», come se dicesse: «Mi hai convinto».

E vendere, infatti, è convincere della validità di una proposta. Ma il convincere, quando non è una dimostrazione pratica e reale del funzionamento di un sistema, di un prodotto o di un servizio, è pura comunicazione, la stessa comunicazione tipica dell'insegnamento: perché dimostrare che il nostro prodotto è la soluzione è come dimostrare una tesi o un teorema. È fare in modo che il cliente condivida il nostro sapere (perché noi lo sappiamo bene che la nostra proposta è la migliore). Comunicando come nell'insegnamento, quindi, abbiamo due principali tecniche didattiche: l'insegnamento deduttivo e l'insegnamento induttivo.

- **insegnamento deduttivo**: il venditore enuncia in *generale* le caratteristiche relative al prodotto/servizio, quindi ne evidenzia le implicazioni sul campo, per poi arrivare allo specifico caso del cliente e giungere alla conclusione che il suo prodotto/servizio è la soluzione alla sua *particolare* esigenza (è un processo che parte dal generale per giungere al particolare: dalle premesse alla conclusione);
- **insegnamento induttivo**: il venditore, ponendo le giuste domande al cliente, scava sulle cause reali e spesso nascoste dei problemi che generano l'esigenza, partendo dall'analisi della situazione *particolare*, facendo emergere i problemi e quindi le conseguenze generate dai problemi, per arrivare a postulare la sua *generale* soluzione (è un processo che quindi parte dal contesto particolare, per giungere alla generale esplosione di tutto ciò che concorre alla generazione dell'esigenza).

Nel primo caso, quello deduttivo, il venditore è il protagonista. È lui a fare il suo show, a enunciare i pro del suo prodotto e i contro del prodotto della concorrenza. Nella tecnica induttiva, al contrario, è il cliente ad essere protagonista: il venditore è solo il moderatore che cerca di arrivare all'esigenza nascosta attraverso le giuste domande, pensando insieme al cliente, analizzando la situazione, magari azzardando alcune ipotesi per verificarne le reazioni (proprio per queste ragioni l'insegnamento induttivo è chiamato anche sperimentale-analitico).

SEGRETO n. 50: usa le regole dell'insegnamento induttivo per trasferire informazioni al tuo interlocutore e stimolargli nuovi punti di vista e riflessioni sulle sue abitudini attraverso le giuste domande provocatorie.

Nel metodo deduttivo si parte da assiomi (abbiamo il miglior prodotto, abbiamo i migliori prezzi) che sono dati per scontati solo dal venditore che li enuncia. Nel metodo induttivo, invece, lo scopo è proprio dimostrare quelle verità, senza la pretesa che vengano da subito considerate come assolute. La soluzione diventa così non il riassunto di una serie di informazioni, ma il risultato di un processo: un vero e proprio brainstorming con il cliente.

La differenza fondamentale tra le due tecniche è proprio da ricercarsi nel contenuto della conclusione nelle premesse: nel metodo deduttivo la conclusione è contenuta nelle premesse («Abbiamo il più efficiente sistema»), mentre nel metodo induttivo le premesse sono assolutamente prive di un qualunque richiamo alla conclusione («Siamo leader di mercato», «Abbiamo la percentuale di scarti più bassa del mercato»), fornendo sempre prove ed evidenze statistiche di quanto dichiarato.

SEGRETO n. 51: conserva e aggiorna continuamente il tuo repertorio di domande: è il miglior modo di diventare esperto nel loro uso.

RIEPILOGO DEL CAPITOLO 17:

- SEGRETO n. 49: Non limitarti a usare le domande per ottenere informazioni: impostale in modo che siano in grado di mantenere il controllo del dialogo.
- SEGRETO n. 50: Usa le regole dell'insegnamento induttivo per trasferire informazioni al tuo interlocutore e stimolargli nuovi punti di vista e riflessioni sulle sue abitudini attraverso le giuste domande provocatorie.
- SEGRETO n. 51: Conserva e aggiorna continuamente il tuo repertorio di domande: è il miglior modo di diventare esperto nel loro uso.

CAPITOLO 18:
R come Relationship (relazione)

Abbiamo visto alla "N come Network" l'importanza della costruzione di una rete di relazioni, ma è altrettanto importante sviluppare le qualità che consentono di rapportarsi al meglio con ogni singolo elemento della propria rete. Il rapporto con il cliente non è un colpo di fulmine, ma una relazione che si costruisce nel tempo dimostrando fiducia e valore. Il rapporto professionale non è amicizia (il cliente amico è una favola degli anni '70) e non contempla sentimenti di affetto, casomai di stima: ecco perché non c'è spazio per il perdono per qualunque mancanza o scorrettezza.

SEGRETO n. 52: le relazioni si costruiscono dimostrando contemporaneamente fiducia e valore.

Perché un rapporto tra due persone funzioni è necessario che almeno una delle due sia in grado di adeguarsi alla visione dell'altra, in modo da adottare un linguaggio comune: la prima regola della comunicazione, infatti, è che il messaggio non è quello inviato ma quello recepito. L'unico modo che hai per essere sicuro che tra i due ci sia quello che si adatta è scegliere di esserlo tu, sempre. Quindi non essere te stesso: sii il tuo cliente. Mettiti nei suoi panni, immagina il mondo come lui lo immagina, con le difficoltà che vive, le responsabilità che ha, i suoi valori e le sue priorità.

SEGRETO n. 53: non essere te stesso, sii il tuo cliente: non esiste altro modo per essere certo di aver creato la necessaria sintonia alla base della comunicazione.

Non credere a chi ti dice che la comunicazione è per il 93% non verbale: è uno degli ennesimi incompetenti che ha travisato l'importante ricerca di Albert Mehrabian. Leggi i più grandi autori di testi sulla relazione: da Dale Carnegie a Stephen Covey: poche decine di euro in cambio di insegnamenti in grado di ricordarti come si intrattiene e mantiene un rapporto con il prossimo, chiunque esso sia. Ricordarti, certo, perché in realtà non vi troverai nulla che non sia già nel tuo buonsenso, semplicemente applicando la regola del mettersi nei panni dell'altro. Sii assertivo: non limitarti ad ascoltate e capire il punto di vista del cliente, ma fai in modo che anche lui comprenda e rispetti le tue ragioni attraverso le dimostrazioni della validità di ciò che gli proponi. L'umiltà non è pensare meno di se stessi: è pensare meno a se stessi.

E attento a non confondere mai il *pushing* (spingere, spronare) con il *forcing* (forzare, imporre): l'assertività non è altro che questo, un equilibrato e rispettoso confronto senza prevaricazioni, né imposte, né subite.

Sii empatico: cerca di captare i sentimenti dell'altro. Scava nelle ragioni logiche ma soprattutto in quelle emotive che portano il cliente a determinate conclusioni: sono quelle che più influenzano le sue scelte. E, importantissimo, segui le medesime regole anche con i colleghi e con il tuo management (ne parlerò meglio in uno dei prossimi capitoli). I colleghi e il management sono la tua strada di accesso alla negoziazione interna: inutile raccogliere esigenze dai clienti se poi non si è in grado di ottenerne la soddisfazione attraverso servizi di vendita speciali che richiedono l'impegno di tutta la tua azienda. Anche il team working è basato sulle relazioni!

SEGRETO n. 54: non trascurare l'importanza della relazione all'interno della tua azienda: il team working è basato sul rapporto tra i singoli.

RIEPILOGO DEL CAPITOLO 18:

- SEGRETO n. 52: Le relazioni si costruiscono dimostrando contemporaneamente fiducia e valore.
- SEGRETO n. 53: Non essere te stesso, sii il tuo cliente: non esiste altro modo per essere certo di aver creato la necessaria sintonia alla base della comunicazione.
- SEGRETO n. 54: Non trascurare l'importanza della relazione all'interno della tua azienda: il team working è basato sul rapporto tra i singoli.

CAPITOLO 19:
S come Sponsor (sostenitore)

Citato come elemento importante nel MEDDIC (altro acronimo di una conosciuta strategia di vendita), lo sponsor è chiunque collabori, anche se con potere limitato, nell'influenzare il responsabile della decisione di acquisto (decision maker). Allarga la definizione di sponsor a chiunque, in generale, sia in grado di aiutarti nel ciclo di vendita, e scoprirai che anche la centralinista/receptionist può esserti di aiuto (anche solo suggerendoti il momento migliore in cui chiamare gli impegnatissimi manager).

SEGRETO n. 55: ogni vetta si conquista cominciando dalla base: conquista il responsabile della decisione d'acquisto conquistando tra i tuoi alleati i suoi collaboratori e la loro influenza.

Anche l'ultimo stagista arrivato nell'azienda cliente può esserti di aiuto: partecipa alle riunioni aziendali dove si discutono strategie e cambiamenti e anche se il suo apporto non è di particolare influenza per i vertici, potrebbe aiutare te a capire meglio i valori ritenuti importanti dai suoi colleghi e superiori (vedi "I come Investigating").

SEGRETO n. 56: non limitarti a vedere come sostenitori solo i collaboratori del decision maker: considera anche le persone esterne in contatto con lui (vedi "N come Networking").

Non trascurare mai neppure i collaboratori esterni ingaggiati dal cliente: loro sono gli unici che il cliente vede come consulenti. Convinci loro per convincere il cliente, considerando che sono in assoluto i più sensibili alla conservazione del loro lavoro e della loro credibilità (rileggi "E come Effetti collaterali" e "F come Facilitator" sull'argomento rischi).

SEGRETO n. 57: lo sponsor non vende al posto tuo, ma è in grado di aiutarti in una qualunque delle fasi del ciclo di vendita e marketing (vedi il concetto di testimonial).

RIEPILOGO DEL CAPITOLO 19:

- SEGRETO n. 55: Ogni vetta si conquista cominciando dalla base: conquista il responsabile della decisione d'acquisto conquistando tra i tuoi alleati i suoi collaboratori e la loro influenza.
- SEGRETO n. 56: Non limitarti a vedere come sostenitori solo i collaboratori del decision maker: considera anche le persone esterne in contatto con lui (vedi "N come Networking").
- SEGRETO n. 57: Lo sponsor non vende al posto tuo, ma è in grado di aiutarti in una qualunque delle fasi del ciclo di vendita e marketing (vedi il concetto di testimonial).

CAPITOLO 20:
T come Total (totale)

Ti aspettavi "T come Time" e la trattazione della gestione del tempo? Torna su "L come Lean thinking"! Ti aspettavi "T come Team working"? Vai a "R come Relationship"! In un compendio riassuntivo ma completo come questo, non poteva mancare la parola che per eccellenza indica il concetto di completezza: totale.

SEGRETO n. 58: impara tutte le tecniche e applica quella più efficace per affrontare la particolarità e complessità di ogni singolo cliente del tuo mercato.

Avrai notato quante società e quanti autori amanti della statistica devono assolutamente classificare qualunque cosa. E così, a seconda di stile e abilità, anche i venditori vengono classificati in "venditore costruttore di relazioni", "venditore consulente", "venditore knowledge worker" "venditore cacciatore", "venditore coltivatore (o contadino)" e tanti altri. Non contenti di questo, ci raccontano che se nel nostro mercato gli "star" (i venditori fuoriclasse, quelli che fatturano straordinariamente sopra la media) fanno parte di una di quelle categorie, allora se tutta la forza vendite lavorerà allo stesso modo, si formerà una squadra composta da tanti eccezionali performer. Bella fiaba. In realtà la distribuzione statistica delle ragioni di successo degli star è legata a così tanti fattori che se li imitassimo fuori dal loro contesto rischieremmo risultati pessimi.

SEGRETO n. 59: non confondere il posizionamento personale con la differenziazione: posizionati se credi di poter essere d'aiuto a un ristretto target di mercato, non farlo se non vuoi porre limiti al tuo successo.

Molto meglio, invece, avere una strategia globale, conoscere tutte le tecniche e tutti gli stili, i loro punti di forza e i loro punti deboli, e imparare ad applicare sempre il miglior piano alla giusta situazione. Riduci le categorie sopra a due sole classi di venditore: quello capace e quello no. Quello che prende tutto e quello che prende quello che gli riesce. Ognuno ha il suo mercato, è una legge naturale, ma tu devi essere sovrannaturale e prenderlo, potenzialmente, tutto: questo è forse il miglior consiglio che nessun trainer ha mai voluto darti, troppo concentrato a insegnarti "un" metodo standard più o meno valido per tutte le situazioni.

SEGRETO n. 60: sii sempre poliedrico, adattabile, camaleontico, eclettico, globale, completo. Sii totale.

RIEPILOGO DEL CAPITOLO 20:

- SEGRETO n. 58: Impara tutte le tecniche e applica quella più efficace per affrontare la particolarità e complessità di ogni singolo cliente del tuo mercato.
- SEGRETO n. 59: Non confondere il posizionamento personale con la differenziazione: posizionati se credi di poter essere d'aiuto a un ristretto target di mercato, non farlo se non vuoi porre limiti al tuo successo.
- SEGRETO n. 60: Sii sempre poliedrico, adattabile, camaleontico, eclettico, globale, completo. Sii totale.

CAPITOLO 21:
U come Unique (unico)

Una volta c'era il prodotto, e i prodotti sembravano tutti uguali. Poi il prodotto venne condito con il servizio di fornitura, ma ci fu imitazione anche sui servizi di fornitura e alla fine i prodotti ritornarono a sembrare tutti uguali. Quindi arrivò la soluzione, che era il solito prodotto fornito però attraverso servizi su misura.

Ma anche i servizi su misura, a un certo punto, persero di originalità, massificando nuovamente tutti i prodotti. La corsa alla differenziazione è davvero infinita. Oggi il brand è così importante proprio perché diventa il valore aggiunto, la differenza, anche quando il prodotto che lo porta non è così differente da quelli "non di marca". Eppure se ci pensi bene un elemento inimitabile che differenzia dalla concorrenza, un ingrediente esclusivo che riesce a dare un sapore unico a qualunque prodotto standardizzato, c'è sempre: è il venditore.

Le aziende sono talmente impegnate a inventarsi una differenziazione che finiscono con il trascurare quella che è spesso l'unica interfaccia davvero originale che li porta dai clienti: ogni singolo elemento della forza vendite.

SEGRETO n. 61: accresci la tua identità, la tua visibilità e il tuo valore personale: diventa IL professionista, LO specialista, L'esperto, L'uomo di fiducia.

E quel che è peggio è che oltre a trascurare l'importanza della differenziazione data dal venditore, sembra pure che le aziende ne sminuiscano il peso rispetto alla loro imponenza. E il venditore perde la sua identità personale. Mi è capitato di essere presentato da un cliente a un suo collega come "l'uomo della Tyco", e un'altra volta con un più inquietante "il signore della Esprinet". Perdiamo nome e cognome. E veniamo ribattezzati come azienda e, raramente, mansione. Anche stando al biglietto da visita, e allo spazio occupato in quegli 85x55 mm, notiamo metà superficie occupata da nome, logo, dati aziendali e indirizzo/riferimenti dell'azienda. E poi, in corpo 5 (quasi illeggibile senza occhiali già prima dei cinquant'anni), ecco il nome del venditore, sottolineato dalla mansione aziendale e, grande sorpresa, spesso nessun indizio sul prodotto o servizio trattato, se non raramente una tag che aiuta a capire il mercato in cui opera. Riappropriati della tua identità. Non permettere a nessuno di "commoditizzarti", anzi evidenziati quanto più possibile.

SEGRETO n. 62: il venditore non è un semplice intermediario: difendi la forza della tua influenza nel processo di vendita perché solo tu sei in grado di colmare le lacune del tuo prodotto e della tua azienda.

Va benissimo usare il "noi" quando si parla dell'azienda e del prodotto (vedi il discorso della forza della squadra), ma pensa a quanto è incisivo e potente un «Io mi occuperò della questione», «Io mi farò in quattro per darle una risposta», «Chiami me per qualunque problema». Non è solo una questione di salvaguardare il proprio Io: è una promessa personale, una parola d'onore, l'impegno di un uomo. Perché B2B o B2C in realtà la vendita è sempre il risultato di un processo P2P (Person to Person).

SEGRETO n. 63: come professionista della vendita sei il primo responsabile della creazione di fiducia e trasferimento di valore di ciò che proponi (vedi il capitolo "R come Relationship").

RIEPILOGO DEL CAPITOLO 21:

- SEGRETO n. 61: Accresci la tua identità, la tua visibilità e il tuo valore personale: diventa IL professionista, LO specialista, L'esperto, L'uomo di fiducia.
- SEGRETO n. 62: Il venditore non è un semplice intermediario: difendi la forza della tua influenza nel processo di vendita perché solo tu sei in grado di colmare le lacune del tuo prodotto e della tua azienda.
- SEGRETO n. 63: Come professionista della vendita sei il primo responsabile della creazione di fiducia e trasferimento di valore di ciò che proponi (vedi il capitolo "R come Relationship").

CAPITOLO 22:
V come Visualization (visualizzazione)

Abbiamo parlato dell'importanza di vendere il beneficio/valore anziché la caratteristica. Ma ancora più in alto del beneficio portato dalla caratteristica del prodotto c'è il quadro mentale, la visualizzazione che il responsabile della decisione di acquisto fa della sua azienda che ha scelto la tua soluzione. È la stimolazione dell'immaginazione che partecipa alle ragioni di scelta di ogni cliente.

SEGRETO n. 64: metà del cervello umano, l'emisfero destro, ragiona in termini complessi, di visione generale, senza la cura dei dettagli e le schematizzazioni logiche tipiche dell'emisfero sinistro: vuoi parlare con metà cliente o con tutto il cliente?

Ad esempio: collante ad alta forza di tenuta (caratteristica), le due superfici su cui è applicato diventano un pezzo unico (beneficio), migliorano la qualità del prodotto finale e la conseguente soddisfazione dei clienti finali, nonché (per l'azienda) la drastica riduzione dello spreco di tempo dedicato alle sostituzioni e gestione delle non-conformità e lamentele dei clienti (visualizzazione/quadro mentale). C'è una grande potenza di coinvolgimento nel far raggiungere al cliente un'immagine mentale che rappresenta un mondo ideale. È spesso una questione di sfruttamento dei giusti tasti... Quello che deve essere sempre di estrema importanza è il fatto che un prodotto/servizio non può avere in sé alcuna caratteristica sino a quando non è calato nella sua applicazione.

SEGRETO n. 65: per stimolare nel cliente la visualizzazione di come potrebbe cambiare l'organizzazione della sua azienda grazie all'adozione del tuo prodotto/servizio, usa storie e descrizioni ricche di immagini, oppure impara a sfruttare strumenti come le mappe mentali, da disegnare rigorosamente a mano libera e "in diretta".

La visualizzazione va oltre le caratteristiche, oltre i benefici e oltre la soluzione: la visualizzazione è il risultato. È la conseguenza ultima della scelta. È il quadro che mostra lo scenario successivo al cambiamento portato dal tuo prodotto.

SEGRETO n. 66: allenati con il pensiero creativo: studia attentamente il contesto e l'organizzazione del cliente per valutare come la tua proposta è in grado di modificare il suo "sistema".

RIEPILOGO DEL CAPITOLO 22:

- SEGRETO n. 64: Metà del cervello umano, l'emisfero destro, ragiona in termini complessi, di visione generale, senza la cura dei dettagli e le schematizzazioni logiche tipiche dell'emisfero sinistro: vuoi parlare con metà cliente o con tutto il cliente?
- SEGRETO n. 65: Per stimolare nel cliente la visualizzazione di come potrebbe cambiare l'organizzazione della sua azienda grazie all'adozione del tuo prodotto/servizio, usa storie e descrizioni ricche di immagini, oppure impara a sfruttare strumenti come le mappe mentali, da disegnare rigorosamente a mano libera e "in diretta".
- SEGRETO n. 66: Allenati con il pensiero creativo: studia attentamente il contesto e l'organizzazione del cliente per valutare come la tua proposta è in grado di modificare il suo "sistema".

CAPITOLO 23:
W come Wow

Un vecchio adagio recitava: «La vendita è la soddisfazione delle esigenze». E su questa definizione nascevano i metodi che partivano con la caccia all'insoddisfazione, con la caccia all'esigenza, la caccia ai problemi, e domande come: «Cosa la tiene sveglio la notte?», «La fanno arrabbiare i suoi attuali fornitori?», «Di cosa è insoddisfatto?» Nulla da eccepire, teoricamente è anche corretto. Ma è assolutamente incompleto se riferito all'attività di un professionista della vendita.

SEGRETO n. 67: studia e proponi una soluzione sbalorditiva al cliente che dichiara di "essere già soddisfatto dei suoi fornitori".

Ho accennato al capitolo "D come Demand generation" l'importanza per il venditore di non attendere di essere utile, di non aspettare di essere chiamato per discutere di un problema manifesto del cliente: in quell'occasione, infatti, il rischio è di essere messi in fila con diversi altri venditori e interrogato sulle soluzioni più comuni, più immediate, più banali. Per poi scannarsi tutti in un confronto in cui la centralità del prezzo mette in secondo piano la differenziazione.

La forza del venditore, invece, deve essere la sua capacità di smuovere la staticità del cliente, la sua allergia al cambiamento, la sua abitudine ad attendere che qualcosa crolli perché scatti in lui la necessità di correre ai ripari e attivare la ricerca di una soluzione.

La realtà dei fatti mostra che tutti i prodotti di più grande successo hanno seguito un iter concettualmente opposto: non sono nati per risolvere un problema o soddisfare un'esigenza, ma sono stati creati come proposta di miglioramento da uno stato di soddisfazione (che spesso è apparente, vedi il capitolo "E come Effetti collaterali") a uno stato di eccellenza: lo stato del wow!

Chissà quante volte hai sentito dire dai tuoi potenziali clienti «Sono soddisfatto del mio fornitore». Disarmante. Perché lo scopo del cliente che fa quell'affermazione è proprio questo: disarmarti e liberarsi di te. Io rispondo: «Soddisfatto? Probabilmente anche mia moglie risponderebbe così se interrogata su di me!» E il punto è proprio questo: la soddisfazione è lo status del "finché non mi dà problemi non faccio nulla per cambiarlo". Oppure: "fa tutto quello che mi aspettavo".

Eppure la vendita, così come il ruolo del venditore, non si conclude con la consegna della merce. E l'acquisto, così come il ruolo del cliente, non si conclude con il pagamento. Ecco perché è assolutamente importante, in tutti i campi, comprendere l'importanza di tutto ciò che avviene dopo la vendita. Con il post-vendita non solo si confermano le promesse, ma si ha la possibilità di superarle. È dal post-vendita che dipende la continuità con il cliente.

SEGRETO n. 68: la vendita non termina con la firma sul contratto: cura in prima persona tutti gli aspetti del post-vendita (vedi il capitolo "F come Facilitator").

Puoi scegliere se soddisfare il cliente oppure se sbalordirlo (wow): nel primo caso avrai l'onore di partecipare alle prossime richieste del cliente, ma nel secondo caso è molto probabile che sarai l'unico a essere interpellato. Sicuramente sia il primo che l'ultimo. E otterrai molto più delle commissioni che hai guadagnato: otterrai referenze e raccomandazioni che valgono metà della tua attività, scorciatoie verso nuove conquiste. L'importante è dimenticare la prima parte della frasetta a effetto "prometti meno, mantieni di più": il gioco non è promettere meno (rischieresti la vendita) ma superare sempre ogni aspettativa.

SEGRETO n. 69: stupire il cliente con un servizio che ritiene inaspettato ti consente di passare dal livello di fornitore a quello di partner strategico e di guadagnare referenze e raccomandazioni (vedi il capitolo "S come Sponsor").

RIEPILOGO DEL CAPITOLO 23:

- SEGRETO n. 67: Studia e proponi una soluzione sbalorditiva al cliente che dichiara di "essere già soddisfatto dei suoi fornitori".
- SEGRETO n. 68: La vendita non termina con la firma sul contratto: cura in prima persona tutti gli aspetti del post-vendita (vedi il capitolo "F come Facilitator").
- SEGRETO n. 69: Stupire il cliente con un servizio che ritiene inaspettato ti consente di passare dal livello di fornitore a quello di partner strategico e di guadagnare referenze e raccomandazioni (vedi il capitolo "S come Sponsor").

CAPITOLO 24:
X come X-ray (raggi X)

Beh, se non sei Superman o un X-Man non puoi avere la vista a raggi X. E sai che gli occhialini speciali degli anni '80 non funzionano. Ma i raggi X di cui devi dotarti sono quelli che ti danno lungimiranza, che non è solo la capacità di guardare lontano, ma anche di guardare oltre, di guardare attraverso. E quello che devi fare è proprio imparare a osservare attraverso il cliente. Cosa c'è dopo il cliente nella catena di fornitura del tuo prodotto? Il cliente del tuo cliente. Il mercato del tuo cliente. Smetti di concentrarti sui bisogni del cliente, prova a interrogarlo sui bisogni dei suoi clienti finali.

SEGRETO n. 70: la tua fornitura influirà sulla produzione del tuo cliente e quindi sui suoi clienti finali: considera questo aspetto nella promozione del tuo prodotto/servizio perché anche per il tuo cliente nulla è più importante del suo mercato.

Interessati al suo mercato e alle difficoltà che lui incontra per vendere il suo prodotto. A meno che tu non segua un mercato B2C, dove il tuo cliente è l'ultimo elemento della catena di fornitura e trasformazione, ricorda che nel B2B il tuo cliente è sempre parte di un flusso che userà il tuo prodotto per costruire il suo e venderlo al suo cliente finale. Dai sempre peso alle conseguenze indirette della tua attività, perché sono la fonte del tuo mantenimento.

La prossima volta che dovrai fare una domanda potente, falla osservando attraverso il cliente, cioè immaginando che la tua soluzione finirà nell'applicazione del cliente finale del tuo cliente. Cambierai la prospettiva venditore-cliente in due venditori che cercano la soluzione per un cliente finale. Ti inserirai in un contesto di obiettivi comuni e sarai considerato un collaboratore, un collega. E cambierai anche un'altra importante prospettiva: da venditore di una soluzione che consente al cliente di risparmiare i costi di produzione a venditore che consente al cliente di aumentare le sue vendite. Più ambizioso, più utile e soprattutto più originale di una concorrenza che parla solo di risparmio e prezzi. Non credi?

SEGRETO n. 71: non limitarti a proporre soluzioni in grado di risolvere problemi contingenti: proponi sempre l'innovazione portata dalla tua soluzione come traghetto verso l'evoluzione dello scenario di mercato.

Vai ancora oltre al concetto di guardare attraverso e immaginati alla guida: tieni d'occhio non solo chi ti sta davanti, ma anche chi c'è oltre. Anche senza raggi X sei facilitato dagli stop supplementari che sono appositamente montati in alto e al centro proprio per agevolarne la visione attraverso le vetture in fila, consentendoti di anticipare le tue reazioni. E la parola chiave è proprio questa: anticipare. Sì: oltre ai raggi X devi anche dotarti dei tachioni. Ok, se non sei appassionato di fantascienza come me, sappi che i tachioni sono le particelle immaginarie che consentono i viaggi nel futuro. Ed è proprio questo l'allargamento al concetto di guardare attraverso: guardare al futuro. Ipotizzare scenari futuri, rappresentarli e renderli raggiungibili grazie all'innovazione che porterai. Questa è proattività. Questa è pro-vendita.

SEGRETO n. 72: saper vedere oltre le apparenze e oltre il presente non è vendere la soluzione a un problema: è vendere il viaggio nel futuro che consentirà al cliente di non averlo neppure quel problema.

RIEPILOGO DEL CAPITOLO 24:

- SEGRETO n. 70: La tua fornitura influirà sulla produzione del tuo cliente e quindi sui suoi clienti finali: considera questo aspetto nella promozione del tuo prodotto/servizio perché anche per il tuo cliente nulla è più importante del suo mercato.
- SEGRETO n. 71: Non limitarti a proporre soluzioni in grado di risolvere problemi contingenti: proponi sempre l'innovazione portata dalla tua soluzione come traghetto verso l'evoluzione dello scenario di mercato.
- SEGRETO n. 72: Saper vedere oltre le apparenze e oltre il presente non è vendere la soluzione a un problema: è vendere il viaggio nel futuro che consentirà al cliente di non averlo neppure quel problema.

CAPITOLO 25:
Y come Yieldingness (arrendevolezza)

Dopo quasi tutto l'alfabeto su cosa è bene, ecco un punto, forse il più importante, su cosa è male. I difetti che un venditore non deve mai avere: arrendevolezza, sottomissione, compiacenza.

SEGRETO n. 73: difendi le tue posizioni: non farti intimidire e affronta le obiezioni.

Ricordo uno dei miei primi boss, all'inizio della mia carriera, che mi rimproverava di essere troppo insistente nelle mie battaglie in sede sull'organizzazione dell'attività e sulla gestione delle problematiche dei clienti. Gli risposi: «Se fossi un tipo accondiscendente come potrei essere incisivo e convincente verso i clienti?» Era la fine degli anni '90, e avevo già capito che il "venditore indottrinato" non poteva avere successo, perché sebbene malleabile nell'apprendimento ed esecuzione delle strategie aziendali, era altrettanto passivo nell'accettare repliche e obiezioni dai clienti. E quindici anni dopo ne arriva la conferma da importanti ricerche sui tratti caratteriali comuni ai migliori venditori, studiate da importanti testate e società di consulenza (Harward Business Review, Corporate Executive Board): la qualità comune dei venditori di successo è la persistenza.

SEGRETO n. 74: non preoccuparti di dover gestire incontri rilassati o di dover piacere a tutti i costi.

Sono state scritte migliaia di pagine su quello che apparentemente è il maggior problema dei venditori, la motivazione. Ma nessuno ha mai riconosciuto che se la demotivazione arriva da dentro, allora anche la motivazione deve arrivare da dentro. La motivazione non è altro che la fiducia nel fatto che ciò che si sta facendo è utile. Efficace. Indispensabile. Per questa ragione, prima della caccia al business devi sempre intraprendere la caccia al metodo, andare a fondo di ogni attività, analizzare sempre il risultato di ogni tuo processo: se dai fallimenti impari a ricavare insegnamenti, allora non saranno fallimenti.

SEGRETO n. 75: metti tutto in discussione, non per diffidenza, ma perché in quanto conoscitore del tuo settore devi saper anticipare quelle che saranno le obiezioni dei tuoi clienti.

RIEPILOGO DEL CAPITOLO 25:

- SEGRETO n. 73: Difendi le tue posizioni: non farti intimidire e affronta le obiezioni.
- SEGRETO n. 74: Non preoccuparti di dover gestire incontri rilassati o di dover piacere a tutti i costi.
- SEGRETO n. 75: Metti tutto in discussione, non per diffidenza, ma perché in quanto conoscitore del tuo settore devi saper anticipare quelle che saranno le obiezioni dei tuoi clienti.

CAPITOLO 26:
Z come Zeal (zelo)

Avendo aperto con il fondamento (A come Alignment) non potevo chiudere se non con la più importante delle conclusioni: lo zelo. A che serve stabilire piani di azione se poi non li eseguiamo correttamente? A che serve fare corsi di vendita se poi non applichiamo ciò che abbiamo imparato? E come facciamo a trasformare la teoria in pratica senza convinzione, volontà, determinazione, dedizione e passione?

SEGRETO n. 76: trasforma le chiacchiere in azione: inutile progettare se poi non si ha la forza di eseguire.

Un collega mi ha regalato una metafora eccezionale: «I libri di vendita sono come i libri di diete: ci aspettiamo di trovare la ricetta segreta, il metodo perfetto, la scorciatoia che ci porterà dritti allo scopo senza sforzi eccessivi». E forse non è del tutto sbagliato crederci, perché su alcuni libri la pozione magica potresti trovarla, così come il metodo perfetto e le scorciatoie. Ma quello che non troverai mai in alcun libro, corso, seminario, è l'assenza del requisito "sforzo". L'azione che costa fatica. L'azione che richiede forza di volontà: un ingrediente che potrai trovare solo dentro di te.

SEGRETO n. 77: sii sempre costante, diligente, tenace: i risultati ti daranno ragione.

Ho accennato all'importanza di un "educato" pushing verso il cliente, ma è soprattutto te stesso che dovrai sempre spronare. Smart work, quindi, come visto nel capitolo "L come Lean thinking", ma anche hard work.

SEGRETO n. 78: il tuo primo esercizio di domani deve essere rileggere questo corso ed evidenziare tutto quello che non applicavi e che ti ha ispirato: studialo, adattalo alla tua attività e applicalo subito: è vederle trasformare in successo che fa delle nuove tecniche le tue migliori abitudini.

RIEPILOGO DEL CAPITOLO 26:

- SEGRETO n. 76: Trasforma le chiacchiere in azione: inutile progettare se poi non si ha la forza di eseguire.
- SEGRETO n. 77: Sii sempre costante, diligente, tenace: i risultati ti daranno ragione.
- SEGRETO n. 78: Il tuo primo esercizio di domani deve essere rileggere questo corso ed evidenziare tutto quello che non applicavi e che ti ha ispirato: studialo, adattalo alla tua attività e applicalo subito: è vederle trasformare in successo che fa delle nuove tecniche le tue migliori abitudini.

Conclusione

In ventisei lettere hai appreso i ventisei fondamenti della vendita. E hai appreso quanto la vendita più che un sistema complesso sia un sistema olistico: dove l'attenzione al dettaglio e al singolo elemento (il venditore) è importante quanto gli apparenti colossi che la gestiscono (le aziende) e il loro campo di gioco (il mercato).

Se ti è mai passata per la testa la convinzione di essere troppo piccolo per fare la differenza, spero di averti fatto ricredere e di averti ispirato con nuove idee a costruire il tuo successo in modo indipendente dai problemi del tuo mercato, dalle difficoltà con la tua azienda e dalla specificità del tuo prodotto/servizio.

Il lavoro più grande, ora, spetta a te. E non è l'applicazione dei concetti che hai appena studiato, ma la loro contestualizzazione nel tuo specifico mercato, nel tuo specifico ruolo e soprattutto nei tuoi specifici punti di forza. Praticamente la stessa cosa che fa la vendita: contestualizzare un prodotto/servizio nella sua più efficace applicazione presso ogni singola azienda cliente.

Se hai difficoltà in questo, se ti piacerebbe approfondire i concetti che ho esposto, ma anche se vuoi contestarmi apertamente la concretezza di qualche affermazione, non esitare a metterti in contatto direttamente con me. Non sperare, però, che ti lasci il mio indirizzo email o il mio numero di telefono: se hai letto attentamente questo corso saprai come trovare tutti i miei riferimenti. Ti aspetto.

Ivano Concas

www.ingramcontent.com/pod-product-compliance
Ingram Content Group UK Ltd.
Pitfield, Milton Keynes, MK11 3LW, UK
UKHW022019190726
13853UKWH00005B/2016